한국어 그림동사사전 상

김희영 · 강정애 · 김승미 · 김은형 · 전효진 공저

학지사 inpsyt 인싸이트 Insight of psychology 심리검사연구소

2002년 『그림 동작어 사전』이 발행된 이후 15년의 시간이 지났습니다. 당시에 다른 나라의 풍부한 자료가 부러워서 한국어 자료를 만들고 싶다는 의지만 가지고 시작한 작업이었습니다. 그리고 2015년 4월 『한국어 그림동사사전』 개정 작업을 시작하였습니다. 오랜 시간이 지나면서 시대의 변화에 따라 새로운 어휘들을 추가해야 했고, 컬러 그림으로 꼭 다시 만들어 달라는 요청이 있었기 때문입니다. 『한국어 그림동사사전』은 2002년에 발행된 『그림 동작어 사전』의 어휘를 바탕으로 취학 전 아동들이 최근에 많이 사용하는 어휘를 포함하였습니다. 삽화는 취학 전 아동들의 동사 이해를 위해 실생활에서 사용되는 동사의 의미가 최대한 잘 드러나도록 새로 그려 제시하였습니다. 그림으로 나타낸 동사와 형용사를 담았기 때문에 '한국어 그림용언사전'이라는 이름이 적합할 수 있으나, 보다 친숙한 『한국어 그림동사사전』을 제목으로 정하였습니다. 이 사전에 제시한 여러 가지 상황그림을 통해 취학 전 아동, 외국인, 언어장애인이 한국어를 이해하는 데 많은 도움을 줄 수 있을 거라 믿습니다.

『한국어 그림동사사전』에 수록된 어휘를 배치하는 과정에서 다음의 사항을 고려하였습니다. 첫째, 사전 순서로 배치하였습니다. 둘째, 동사의 어미는 '-다/-요'로 두었습니다. 동사의 기본형은 '-다'이나, 구어체 표현 시 일반적으로 '-요'를 사용하게 되며, 기본형에서 구어체 표현으로 적용이 어려운 아동이 많아 '-다/-요'를 같이 제시하였습니다. 셋째, '불나다' '교통정리 하다'와 같이 통상적으로 많이 사용되는 동사는 '나다' '정리하다'에는 그림을 두지 않고, '불나다' '교통정리 하다'에 배치하였습니다. 넷째, 표준어 '박수하다'보다는 '박수치다'와 같이 통상적으로 많이 쓰이는 것을 사용하였습니다. 다섯째, '코피 나다' '피 나다'와 같이 두 가지가 쓰인다고 판단되는 동사는 양쪽 모두 배치하였습니다. 여섯째, 같은 동사가 여러 장일 경우 그림의 순서는 아동부터 어른으로, 사람부터 동물로, 사람부터 사물로, 고빈도 사용 어휘부터 저빈도 사용 어휘 순으로 배치하였습니다. 일곱째, 운동의 경우는 '골프 치다' '스케이트보드 타다' 등으로 명사와 동사가 결합된 형태의 동사로 제시하였습니다. 여덟째, 한 그림으로 여러 가지의 의미를 사용할 수 있을 경우 단독 의미로 쓰이는 그림을 앞에 배치하고, 두 가지로 표현되는 그림을 뒤에 배치하였습니다. 예를 들면, '주다'의 경우 '주다'의 의미가 큰 그림을 앞에 두고, 주고받는 의미의 그림은 뒤에 배치하였습니다. 아홉째, 한 어휘가 여러 가지 의미로 쓰이는 경우 품사별·의미별로 그림을 배치하였습니다. 예를 들면, '차다'는 '공을 차다' '시계를 차다' 등의 의미가 있는데, 이때 고빈도 동사인 '공을 차다' 그림을 앞에 배치하였습니다. 열째, 동사 이해를 위해 상황을 나타내는 종합 그림을 포함하였습니다.

이 과정을 통해 최종적으로『한국어 그림동사사전』에 수록된 어휘목록에 나타난 어휘 수는 553개이며, 그 활용을 나타낸 그림의 수는 모두 1,530컷이고, 종합 그림은 10컷입니다. 부족함을 채우기 위해 노력했지만, 여전히 담지 못한 어휘들이 있을 것입니다. 더 좋은 자료가 될 수 있도록 많은 조언 바랍니다.

『한국어 그림동사사전』에서는 부록으로 용언 활용의 예시와 불규칙용언의 목록을 두었습니다. 언어 습득 기간에 용언의 어미를 자연스럽게 습득하는 아동이 있는 반면, 여러 가지 원인으로 그.변화를 잘 감지하지 못하고 적용하는 데 어려움을 겪는 아동도 있습니다. 이 책에서는 용언과 어미의 뜻을 이해하고, 문법과 시제에 맞는 정확한 어미 활용을 이해할 수 있도록 용언의 어미 활용 및 규칙·불규칙 활용을 제시하였습니다. 용언은 문장에서 어떻게 쓰이느냐에 따라 어미의 형태가 변하여 문법적인 의미를 더해 줍니다. 여러 가지 문법적 활용 및 의미가 있으나 부록에서는 아동들이 자주 사용하는 기본형/현재형(다, 요), 과거형(았다/었다, 았어요/었어요), 미래/추측/관형사형(ㄹ 것이다, ㄹ 거예요), 관형사형[ㄴ/(으)ㄴ, 는], 나열형(고), 대립대조형[는데/(으)ㄴ데], 이유원인형[아서/어서, (으)니까], 조건형[(으)면], 목적형[(으)러], 선택형(거나)을 선택하였습니다. 부록을 통하여 다양한 의미를 적절히 엮어 표현할 수 있고 문법 활용 정확성을 증진시킬 수 있을 것입니다.

2015년 4월부터 개정 작업에 참여하신 부지런한 강정애, 꼼꼼한 김승미, 성

실한 김은형, 행복한 전효진 선생님의 열정에 감사드립니다. 살아 있는 듯한 생생한 그림으로 볼 때마다 미소 짓게 해 주신 만화삽화가 김준식 님에게 감사를 드립니다. 많은 그림 자료를 좋은 자료로 완성해 주신 편집진 여러분께도 진심으로 감사드립니다. 2002년『그림 동작어 사전』부터 2014년의 〈그림을 보면 문장이 술술〉 시리즈 자료까지 출판할 수 있도록 지지해 주신 학지사 김진환 사장님께 깊이 감사드립니다.

2017년

대표연구자 김희영

차례

1. 『한국어 그림동사사전』은 한국어 동사 개념을 그림으로 설명한 동사사전
   입니다. 한 동사의 다양한 쓰임새를 반복 지도하여 습득할 수 있습니다. 예
   를 들면, '가다'는 '화장실에 가다' '놀이터에 가다' '유치원에 가다' '동물원
   에 가다' '마트에 가다' '병원에 가다' '회사에 가다' '집에 가다' 등을 나타냅
   니다. 또한 하나의 동사가 여러 가지 의미를 나타내는 동음이의어를 그림으
   로 확인할 수 있습니다. 예를 들면, '감다'는 '눈을 감다' '머리를 감다' '붕대
   를 감다' '실을 감다'의 뜻을 가집니다.

2. 10장의 종합 그림은 '가다, 넣다, 먹다, 사다, 아프다, 주다, 타다'의 고빈도
   어의 이해를 더하기 위한 그림입니다. 낱장으로 제시되었던 동사를 상황 그
   림을 보고 이해할 수 있습니다.

3. 사전 순서에 따른 동사의 제시는 '먹다/먹어요, 걷다/걷어요, 걷다/걸어요'
   등과 같이 기본형 '-다'와 함께 '-요'를 두어, 자연스러운 구어 표현을 익힐
   수 있게 하였습니다.

4. 언어장애 치료 · 언어 교육 현장에서 사용할 수 있도록 표준어(표), 준말(준),
   상용어(상), 연관어(연), 반의어(반), 주동(주), 사동(사), 능동(능), 피동(피), 외국
   어(외) 동사를 기본형과 함께 제시하였습니다.

1) 표준어(표): 동사의 표준어는 (표)로 표시하였습니다.

2) 준말(준): 표준어를 줄여서 사용하는 동사를 준말이라 하고, (준)으로 표
   시하였습니다.

3) 상용어(상): 문법적이지 않거나 표준어가 아니나 아동들이 현재 많이 사
   용하는 단어를 상용어라 하였으며, (상)으로 표시하였습니다.

4) 연관어(연): 동사와 관련 있는 어휘 또는 그림을 보고 유추할 수 있는 다른
   표현이나 비슷한 어휘 등을 연관어라 하였으며, (연)으로 표시하였습니다.

5) 반의어(반): 뜻이 서로 반대되는 관계에 있는 단어로, (반)으로 표시하였
   습니다.

6) 주동(주): 동사 주동의 의미는 (주)로 표시하였습니다.

7) 사동(사): 동사 사동의 의미는 (사)로 표시하였습니다.

8) 능동(능): 동사 능동의 의미는 (능)으로 표시하였습니다.

9) 피동(피): 동사 피동의 의미는 (피)로 표시하였습니다.

10) 외국어(외): 상용어 중 외국어를 (외)로 표시하였습니다.

5. 음소 /ㄹ/은 두음법칙에 따라 단어를 두지 않았습니다.

6. 『한국어 그림동사사전』은 문장 지도에 사용할 수 있습니다. 동사를 보고 문장으로 표현하고 긴 문장으로 연결하고 조직화하는 연습을 할 수 있습니다.

7. 『한국어 그림동사사전』은 조음 지도에 사용할 수 있습니다. 동사를 음소별로 배치하여 조음음운 치료 시 일반화 단계에서 문장을 만들어 지도할 때 사용할 수 있습니다.

8. 부록으로는 동사의 목록, 용언 활용의 예 및 불규칙용언의 목록을 두었습니다. 동사의 어미 활용에는 여러 가지 의미가 있으나 아동들이 많이 사용하는 기본형/현재형(다, 요), 과거형(았다/었다, 았어요/었어요), 미래/추측/관형사형(ㄹ 것이다, ㄹ 거예요), 관형사형[ㄴ/(으)ㄴ, 는], 나열형(고), 대립대조형[는데/(으)ㄴ데], 이유원인형[아서/어서, (으)니까], 조건형[(으)면], 목적형[(으)러], 선택형(거나)을 제시하였습니다.

9. 그림을 잘라서 카드처럼 사용할 수 있습니다. 음소별로 테두리의 색이 달라 구분이 쉽습니다.

1

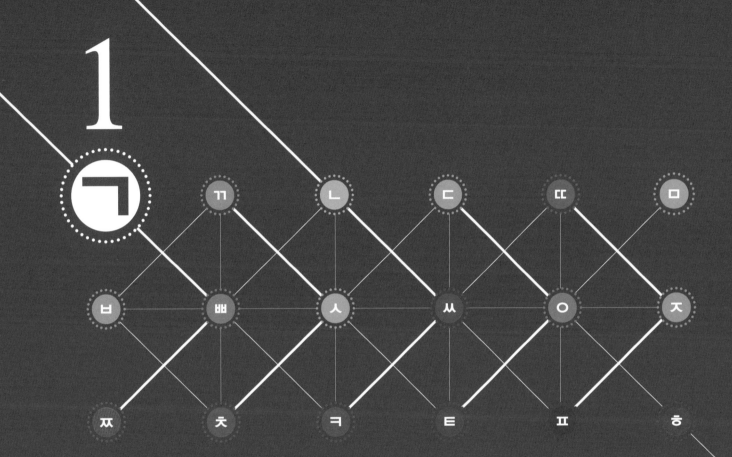

ㄲ ㄴ ㄷ ㄸ ㅁ
ㅂ ㅃ ㅅ ㅆ ㅇ ㅈ
ㅉ ㅊ ㅋ ㅌ ㅍ ㅎ

ㄱ

1	가깝다	27	감다(1)	53	걸다(9)	79	곧다(1)	105	그리다(1)	131	기침하다(3)
2	가난하다(1)	28	감다(2)	54	걸다	80	곧다(2)	106	그리다(2)	132	기침하다(4)
3	가난하다(2)	29	감다	55	걸레질하다	81	골프 치다	107	그리다(3)	133	기침하다(5)
4	가다(1)	30	감다(1)	56	걸리다(1)	82	공부시키다	108	그리다(4)	134	길다(1)
5	가다(2)	31	감다(2)	57	걸리다(2)	83	공부하다(1)	109	굵다(1)	135	길다(2)
6	가다(3)	32	같다(1)	58	걸리다(3)	84	공부하다(2)	110	굵다(2)	136	길다(3)
7	가다(4)	33	같다(2)	59	게으르다	85	교통정리 하다	111	굵다(3)	137	길다(4)
8	가다(5)	34	개다(1)	60	게임 하다(1)	86	구르다(1)	112	굵다(4)	138	길다(5)
9	가다(6)	35	개다(2)	61	게임 하다(2)	87	구르다(2)	113	굵다(5)	139	길다(6)
10	가다(7)	36	건너다(1)	62	게임 하다(3)	88	구르다(3)	114	굵히다(1)	140	깁스하다(1)
11	가다(8)	37	건너다(2)	63	결석하다	89	구부리다(1)	115	굵히다(2)	141	깁스하다(2)
12	가라앉다	38	건너다(3)	64	결혼하다	90	구부리다(2)	116	긋다	142	깊다
13	가라앉히다	39	건너다(4)	65	겹치다(1)	91	구하다	117	기다(1)		[그림 1-1] 가다
14	가렵다(1)	40	걷다(1)	66	겹치다(2)	92	굴리다(1)	118	기다(2)		
15	가렵다(2)	41	걷다(2)	67	계산하다(1)	93	굴리다(2)	119	기다(3)		
16	가르치다(1)	42	걷다(1)	68	계산하다(2)	94	굴리다(3)	120	기다리다(1)		
17	가르치다(2)	43	걷다(2)	69	계산하다(3)	95	굴리다(4)	121	기다리다(2)		
18	가르치다(3)	44	걷다(3)	70	계산하다(4)	96	굴리다(5)	122	기다리다(3)		
19	가리키다	45	걸다(1)	71	고르다(1)	97	굴리다(6)	123	기다리다(4)		
20	가볍다	46	걸다(2)	72	고르다(2)	98	굴리다(7)	124	기다리다(5)		
21	간지럽다(1)	47	걸다(3)	73	고르다(3)	99	굽다(1)	125	기대다(1)		
22	간지럽다(2)	48	걸다(4)	74	고장 나다	100	굽다(2)	126	기대다(2)		
23	갈다	49	걸다(5)	75	고치다(1)	101	굽다(3)	127	기도하다(1)		
24	갈아입다(1)	50	걸다(6)	76	고치다(2)	102	굽다(4)	128	기도하다(2)		
25	갈아입다(2)	51	걸다(7)	77	고치다(3)	103	권투 하다(1)	129	기침하다(1)		
26	감기다	52	걸다(8)	78	고치다(4)	104	권투 하다(2)	130	기침하다(2)		

1 가깝다/가까워요
반 멀다

2 가난하다/가난해요(1)
상 부자다 반 부유하다

3 가난하다/가난해요(2)
상 부자다 반 부유하다

4 가다/가요(1)
화장실

5 가다/가요(2)

6 가다/가요(3)
유치원

7 가다/가요(4)

8 가다/가요(5)

9 가다/가요(6)

10 가다/가요(7)
연 출근하다

11 가다/가요(8)
연 퇴근하다

12 가라앉다/가라앉아요
반 뜨다 사 가라앉히다

ㄱ ㄲ ㄴ ㄷ ㄸ ㅁ ㅂ ㅃ ㅅ ㅆ ㅇ ㅈ ㅉ ㅊ ㅋ ㅌ ㅍ ㅎ

[그림 1-1] 가다/가요

13 가라앉히다/가라앉혀요
주 가라앉다

14 가렵다/가려워요(1)
연 긁다

15 가렵다/가려워요(2)
연 긁다, 물리다

16 가르치다/가르쳐요(1)
반 배우다

17 가르치다/가르쳐요(2)

18 가르치다/가르쳐요(3)
반 배우다

가리키다/가리켜요

19

가볍다/가벼워요

20 반 무겁다

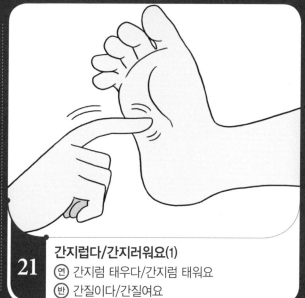

간지럽다/간지러워요(1)

21 연 간지럼 태우다/간지럼 태워요
반 간질이다/간질여요

간지럽다/간지러워요(2)

22 연 간지럼 태우다/간지럼 태워요
반 간질이다/간질여요

갈다/갈아요

23 연 채우다, 바꾸다

갈아입다/갈아입어요(1)

24 연 입다

25 갈아입다/갈아입어요(2)
(반) 입다

26 감기다/감겨요
(주) 감다

27 감다/감아요(1)
(사) 감기다

28 감다/감아요(2)

29 감다/감아요
(반) 뜨다

30 감다/감아요(1)
(연) 다치다, 아프다 (반) 풀다

ㄱ ㄲ ㄴ ㄷ ㄸ ㅁ ㅂ ㅃ ㅅ ㅆ ㅇ ㅈ ㅉ ㅊ ㅋ ㅌ ㅍ ㅎ

감다/감아요(2)

31 반 풀다

같다/같아요(1)

32 반 다르다

같다/같아요(2)

33 반 다르다

개다/개요(1)

34 반 깔다, 펴다

개다/개요(2)

35

건너다/건너요(1)

36

37 건너다/건너요(2)

38 건너다/건너요(3)

39 건너다/건너요(4)

40 걷다/걷어요(1)

41 걷다/걷어요(2)
⟨반⟩ 치다

42 걷다/걸어요(1)

ㄱ ㄴ ㄷ ㄸ ㅁ ㅂ ㅃ ㅅ ㅆ ㅇ ㅈ ㅉ ㅊ ㅋ ㅌ ㅍ ㅎ

43 걷다/걸어요(2)

44 걷다/걸어요(3)

45 걸다/걸어요(1)
연 넣다 반 꺼내다

46 걸다/걸어요(2)

47 걸다/걸어요(3)

48 걸다/걸어요(4)

걸다/걸어요(5)

49

걸다/걸어요(6)

50

걸다/걸어요(7)

51

걸다/걸어요(8)

52

걸다/걸어요(9)

53

걸다/걸어요

54 ⓐ 받다, 전화하다, 통화하다 ⓑ 끊다

걸레질하다/걸레질해요
55 연 닦다, 청소하다

걸리다/걸려요(1)
56 연 찢어지다

걸리다/걸려요(2)
57 연 넘어지다

걸리다/걸려요(3)
58

게으르다/게을러요
59 반 부지런하다

게임 하다/게임 해요(1)
60

ㄲ ㄴ ㄷ ㄸ ㄹ ㅁ ㅂ ㅃ ㅅ ㅆ ㅇ ㅈ ㅉ ㅊ ㅋ ㅌ ㅍ ㅎ

61 게임 하다/게임 해요(2)

62 게임 하다/게임 해요(3)

63 결석하다/결석해요
연 빠지다 반 출석하다

64 결혼하다/결혼해요

65 겹치다/겹쳐요(1)
연 포개다

66 겹치다/겹쳐요(2)

ㄱ ㄲ ㄴ ㄷ ㄸ ㅁ ㅂ ㅃ ㅅ ㅆ ㅇ ㅈ ㅉ ㅊ ㅋ ㅌ ㅍ ㅎ

67 계산하다/계산해요(1)
연 셈하다

68 계산하다/계산해요(2)

69 계산하다/계산해요(3)
연 (돈) 내다, 사다

70 계산하다/계산해요(4)

71 고르다/골라요(1)
연 선택하다

72 고르다/골라요(2)
연 선택하다

73 고르다/골라요(3)
연 선택하다

74 고장 나다/고장 나요
반 고치다

75 고치다/고쳐요(1)
연 망가지다, 부서지다

76 고치다/고쳐요(2)
연 수리하다

77 고치다/고쳐요(3)
연 수리하다

78 고치다/고쳐요(4)
연 수선하다

곧다/곧아요(1)

79 　(반) 곱슬하다

곧다/곧아요(2)

80 　(반) 구불구불하다

골프 치다/골프 쳐요

81

공부시키다/공부시켜요

82 　(연) 가르치다, 배우다 (주) 공부하다

공부하다/공부해요(1)

83 　(연) 쓰다

공부하다/공부해요(2)

84 　(연) 보다, 읽다

ㄱ　ㄲ　ㄴ　ㄷ　ㄸ　ㅁ　ㅂ　ㅃ　ㅅ　ㅆ　ㅇ　ㅈ　ㅉ　ㅊ　ㅋ　ㅌ　ㅍ　ㅎ

85 교통정리 하다/교통정리 해요
연 불다

86 구르다/굴러요(1)
사 굴리다

87 구르다/굴러요(2)
사 굴리다

88 구르다/굴러요(3)

89 구부리다/구부려요(1)
연 굽히다, 인사하다

90 구부리다/구부려요(2)
연 굽히다, 만들다

ㄱ ㄲ ㄴ ㄷ ㄸ ㅁ ㅂ ㅃ ㅅ ㅆ ㅇ ㅈ ㅉ ㅊ ㅋ ㅌ ㅍ ㅎ

91 구하다/구해요
연 구조하다, 꺼내다, 도와주다

92 굴리다/굴려요(1)
주 구르다

93 굴리다/굴려요(2)
주 구르다

94 굴리다/굴려요(3)
연 만들다

95 굴리다/굴려요(4)

96 굴리다/굴려요(5)
연 볼링 하다, 볼링 치다

ㄱ ㄴ ㄷ ㄸ ㅁ ㅂ ㅃ ㅅ ㅆ ㅇ ㅈ ㅉ ㅊ ㅋ ㅌ ㅍ ㅎ

97 굴리다/굴려요(6)

98 굴리다/굴려요(7)

99 굽다/구워요(1)
연 익히다

100 굽다/구워요(2)

101 굽다/구워요(3)
연 따뜻하다

102 굽다/구워요(4)

권투 하다/권투 해요(1)
연 때리다, 맞다

103

권투 하다/권투 해요(2)
연 이기다, 지다

104

그리다/그려요(1)

105

그리다/그려요(2)

106

그리다/그려요(3)

107

그리다/그려요(4)

108

긁다/긁어요(1)
109 연 가렵다

긁다/긁어요(2)
110 연 가렵다

긁다/긁어요(3)
111 연 가렵다, 물리다

긁다/긁어요(4)
112

긁다/긁어요(5)
113

긁히다/긁혀요(1)
114 연 할퀴다 능 긁다

ㄱ ㄲ ㄴ ㄷ ㄸ ㅁ ㅂ ㅃ ㅅ ㅆ ㅇ ㅈ ㅉ ㅊ ㅋ ㅌ ㅍ ㅎ

115 긁히다/긁혀요(2)
연 할퀴다 능 긁다

116 긋다/그어요

117 기다/기어요(1)

118 기다/기어요(2)
연 들어가다, 나오다

119 기다/기어요(3)

120 기다리다/기다려요(1)
연 요리하다, 볶다

121 기다리다/기다려요(2)
연 줄 서다

122 기다리다/기다려요(3)
연 줄 서다

123 기다리다/기다려요(4)
연 줄 서다

124 기다리다/기다려요(5)
연 줄 서다

125 기대다/기대요(1)

126 기대다/기대요(2)

ㄱ ㄲ ㄴ ㄷ ㄸ ㅁ ㅂ ㅃ ㅅ ㅆ ㅇ ㅈ ㅉ ㅊ ㅋ ㅌ ㅍ ㅎ

127 기도하다/기도해요(1)

128 기도하다/기도해요(2)

129 기침하다/기침해요(1)
연 감기 걸리다

130 기침하다/기침해요(2)
연 감기 걸리다

131 기침하다/기침해요(3)
연 감기 걸리다

132 기침하다/기침해요(4)
연 감기 걸리다

기침하다/기침해요(5)

133　연 감기 걸리다

길다/길어요(1)

134　반 짧다

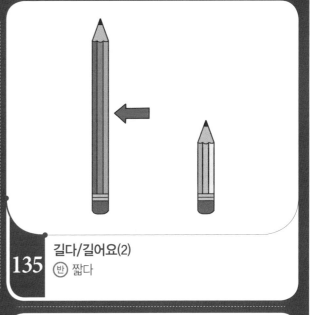

길다/길어요(2)

135　반 짧다

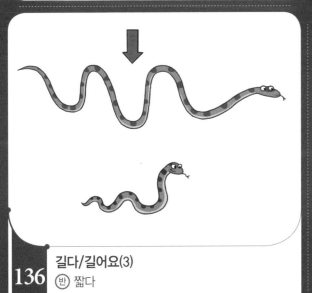

길다/길어요(3)

136　반 짧다

길다/길어요(4)

137　연 자르다　반 짧다

길다/길어요(5)

138　연 깎다　반 짧다

ㄱ　ㄲ　ㄴ　ㄷ　ㄸ　ㅁ　ㅂ　ㅃ　ㅅ　ㅆ　ㅇ　ㅈ　ㅉ　ㅊ　ㅋ　ㅌ　ㅍ　ㅎ

139 길다/길어요(6)
반 짧다

140 깁스하다/깁스해요(1)
연 다치다, 부러지다 반 깁스 풀다

141 깁스하다/깁스해요(2)
연 다치다, 목발 짚다, 부러지다 반 깁스 풀다

142 깊다/깊어요
반 얕다

ㄲ ㄴ ㄷ ㄸ ㅁ ㅂ ㅃ ㅅ ㅆ ㅇ ㅈ ㅉ ㅊ ㅋ ㅌ ㅍ ㅎ

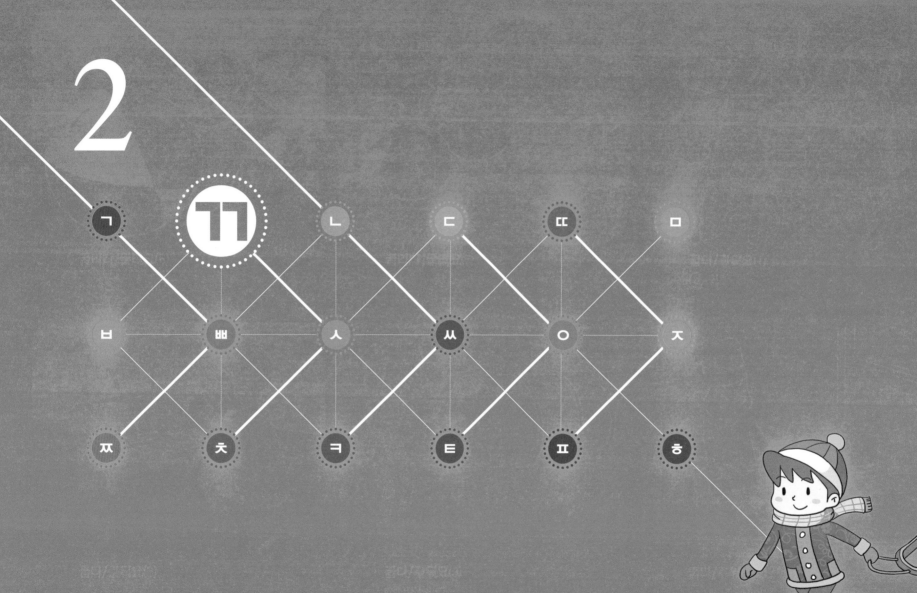

2

ㄲ

1	까다(1)	27	꺾다(2)	53	꿇다(2)
2	까다(2)	28	꼬집다(1)	54	꿇다(3)
3	까다	29	꼬집다(2)	55	끼우다(1)
4	깎다(1)	30	꽂다(1)	56	끼우다(2)
5	깎다(2)	31	꽂다(2)	57	끼우다(3)
6	깎다(3)	32	꽂다(3)	58	끼우다(4)
7	깎다(4)	33	꽂다(4)	59	끼우다(5)
8	깎다(5)	34	꿈꾸다	60	끼이다(1)
9	깎다(6)	35	꿰다(1)	61	끼이다(2)
10	깔다	36	꿰다(2)	62	끼이다(1)
11	깨끗하다	37	꿰매다(1)	63	끼이다(2)
12	깨다(1)	38	꿰매다(2)		
13	깨다(2)	39	꼬다(1)		
14	깨다(3)	40	꼬다(2)		
15	깨다(1)	41	꼬다(3)		
16	깨다(2)	42	꼬다(4)		
17	깨다(3)	43	꼬다(5)		
18	깨물다	44	꼬다(6)		
19	깨우다	45	끊다		
20	꺼내다(1)	46	끊어지다(1)		
21	꺼내다(2)	47	끊어지다(2)		
22	꺼내다(3)	48	끌다(1)		
23	꺼내다(4)	49	끌다(2)		
24	꺼내다(5)	50	끌다(3)		
25	꺼내다(6)	51	끌리다		
26	꺾다(1)	52	꿇다(1)		

1 까다/까요(1)
연 벗기다

2 까다/까요(2)

3 까다/까요
연 부화하다

4 깎다/깎아요(1)
연 (머리) 자르다

5 깎다/깎아요(2)
연 부러지다

6 깎다/깎아요(3)

7 깎다/깎아요(4)

8 깎다/깎아요(5)
연 면도하다

9 깎다/깎아요(6)
연 면도하다

10 깔다/깔아요
연 펴다 반 접다

11 깨끗하다/깨끗해요
반 더럽다

12 깨다/깨요(1)
연 깨뜨리다

ㄱ ㄲ ㄴ ㄷ ㄸ ㅁ ㅂ ㅃ ㅅ ㅆ ㅇ ㅈ ㅉ ㅊ ㅋ ㅌ ㅍ ㅎ

13 깨다/깨요(2)
연 깨뜨리다

14 깨다/깨요(3)
연 깨지다

15 깨다/깨요(1)
연 일어나다 반 자다

16 깨다/깨요(2)
연 일어나다 반 자다

17 깨다/깨요(3)
연 일어나다 반 자다

18 깨물다/깨물어요
연 걱정하다

깨우다/깨워요

19 빤 재우다 능 깨다

꺼내다/꺼내요(1)

20 빤 넣다

꺼내다/꺼내요(2)

21 연 빼다 빤 꽂다, 넣다, 끼우다

꺼내다/꺼내요(3)

22 빤 넣다

꺼내다/꺼내요(4)

23 빤 넣다

꺼내다/꺼내요(5)

24 빤 넣다

25 꺼내다/꺼내요(6)
반 넣다

26 꺾다/꺾어요(1)
연 부러뜨리다

27 꺾다/꺾어요(2)

28 꼬집다/꼬집어요(1)
피 꼬집히다

29 꼬집다/꼬집어요(2)
피 꼬집히다

30 꽂다/꽂아요(1)
반 빼다

31 꽂다/꽂아요(2)
연 끼우다 반 빼다

32 꽂다/꽂아요(3)
반 빼다, 뽑다

33 꽂다/꽂아요(4)
반 빼다, 뽑다

34 꿈꾸다/꿈꾸어요
연 자다

35 꿰다/꿰어요(1)
상 끼우다

36 꿰다/꿰어요(2)
상 끼우다 반 빼다

꿰매다/꿰매요(1)

37   ⑨ 꼬매다 ⑭ 바느질하다

꿰매다/꿰매요(2)

38   ⑨ 꼬매다 ⑭ 바느질하다

끄다/꺼요(1)

39   ⑭ 켜다

끄다/꺼요(2)

40   ⑭ 깜깜하다, 어둡다 ⑫ 켜다

끄다/꺼요(3)

41   ⑫ 켜다

끄다/꺼요(4)

42   ⑭ 불다

43 끄다/꺼요(5)
연 불나다

44 끄다/꺼요(6)
반 켜다

45 끊다/끊어요
연 (전화) 받다 반 걸다 피 끊기다

46 끊어지다/끊어져요(1)
연 끊기다

47 끊어지다/끊어져요(2)

48 끌다/끌어요(1)

ㄱ ㄲ ㄴ ㄷ ㄸ ㅁ ㅂ ㅃ ㅅ ㅆ ㅇ ㅈ ㅉ ㅊ ㅋ ㅌ ㅍ ㅎ

49 끌다/끌어요(2)
⑲ 밀다

50 끌다/끌어요(3)
⑭ 견인하다 ⑭ 끌리다

51 끌리다/끌려요
⑮ 끌다

52 끓다/끓어요(1)
⑲ 끓이다

53 끓다/끓어요(2)
⑲ 끓이다, 뜨겁다

54 끓다/끓어요(3)
⑲ 끓이다, 뜨겁다

ㄱ ㄲ ㄴ ㄷ ㄸ ㅁ ㅂ ㅃ ㅅ ㅆ ㅇ ㅈ ㅉ ㅊ ㅋ ㅌ ㅍ ㅎ

끼우다/끼워요(1)

55 ㉖ 끼다 ㉘ 빼다

끼우다/끼워요(2)

56 ㉖ 끼다 ㉘ 벗다, 빼다 ㉙ 끼이다

끼우다/끼워요(3)

57 ㉖ 끼다 ㉘ 벗다, 빼다 ㉙ 끼이다

끼우다/끼워요(4)

58 ㉖ 끼다 ㉘ 빼다 ㉙ 끼이다

끼우다/끼워요(5)

59 ㉖ 끼다 ㉗ 채우다 ㉘ 풀다

끼이다/끼여요(1)

60 ㉖ 끼다 ㉚ 끼우다

ㄱ ㄲ ㄴ ㄷ ㄸ ㅁ ㅂ ㅃ ㅅ ㅆ ㅇ   ㅈ ㅉ ㅊ ㅋ ㅌ ㅍ ㅎ

61 끼이다/끼여요(2)
ⓒ 끼다 ⓙ 끼우다

62 끼이다/끼여요(1)

63 끼이다/끼여요(2)

ㄱ ㄲ ㄴ ㄷ ㄸ ㅁ ㅂ ㅃ ㅅ ㅆ ㅇ ㅈ ㅉ ㅊ ㅋ ㅌ ㅍ ㅎ

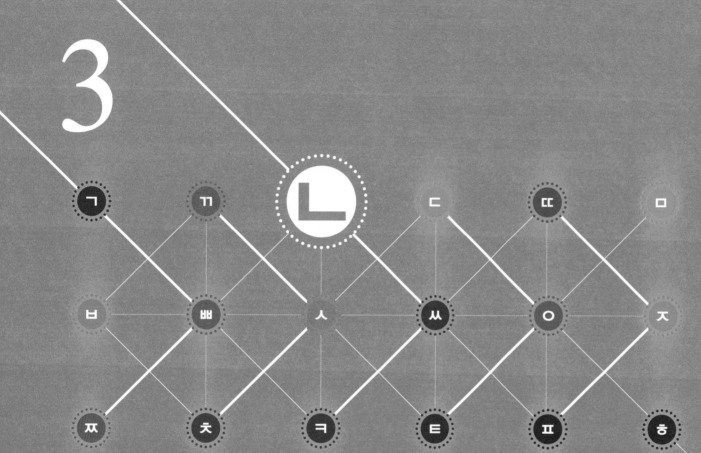

1 나누다/나눠요(1)
연 주다

2 나누다/나눠요(2)
연 자르다

3 나누다/나눠요(3)

4 나다/나요
연 (새싹) 돋다, 새싹 나다

5 나르다/날라요(1)
연 옮기다

6 나르다/날라요(2)
연 운반하다, 이사하다

ㄱ ㄲ ㄴ ㄷ ㄸ ㅁ ㅂ ㅃ ㅅ ㅆ ㅇ ㅈ ㅉ ㅊ ㅋ ㅌ ㅍ ㅎ

7 나르다/날라요(3)
연 싣다, 이사하다

8 나오다/나와요(1)
반 들어가다

9 나오다/나와요(2)
반 들어가다

10 낙서하다/낙서해요

11 낚시하다/낚시해요(1)
연 잡다

12 낚시하다/낚시해요(2)
연 잡다

ㄱ ㄲ ㄴ ㄷ ㄸ ㅁ ㅂ ㅃ ㅅ ㅆ ㅇ ㅈ ㅉ ㅊ ㅋ ㅌ ㅍ ㅎ

13 날다/날아요(1)

14 날다/날아요(2)
ⓢ 날리다

15 날다/날아요(3)

16 날다/날아요(4)

17 날다/날아요(5)

18 날다/날아요(6)

ㄱ ㄲ ㄴ ㄷ ㄸ ㅁ ㅂ ㅃ ㅅ ㅆ ㅇ ㅈ ㅉ ㅊ ㅋ ㅌ ㅍ ㅎ

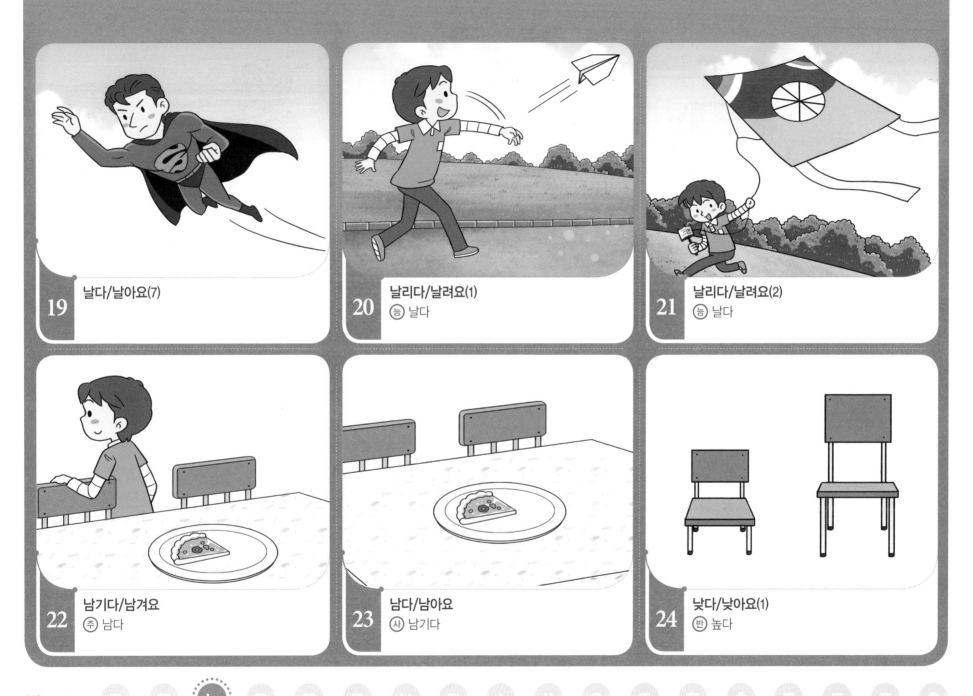

19 날다/날아요(7)

20 날리다/날려요(1)
능 날다

21 날리다/날려요(2)
능 날다

22 남기다/남겨요
주 남다

23 남다/남아요
사 남기다

24 낮다/낮아요(1)
반 높다

ㄱ ㄲ ㄴ ㄷ ㄸ ㅁ ㅂ ㅃ ㅅ ㅆ ㅇ ㅈ ㅉ ㅊ ㅋ ㅌ ㅍ ㅎ

25 낮다/낮아요(2)
반 높다

26 낮다/낮아요(3)
반 높다

27 낮다/낮아요(4)
반 높다

28 낳다/낳아요(1)
연 출산하다

29 낳다/낳아요(2)

30 내다/내요(1)
연 계산하다, 사다

ㄱ ㄲ ㄴ ㄷ ㄸ ㅁ ㅂ ㅃ ㅅ ㅆ ㅇ ㅈ ㅉ ㅊ ㅋ ㅌ ㅍ ㅎ

31 내다/내요(2)
연 계산하다, 사다

32 내려가다/내려가요(1)
반 올라가다

33 내려가다/내려가요(2)
반 올라가다

34 내려가다/내려가요(3)
반 올라가다

35 내리다/내려요(1)
반 타다

36 내리다/내려요(2)
반 타다

ㄱ ㄲ ㄴ ㄷ ㄸ ㅁ ㅂ ㅃ ㅅ ㅆ ㅇ ㅈ ㅉ ㅊ ㅋ ㅌ ㅍ ㅎ

37 내리다/내려요(3)
반 타다

38 내리다/내려요
반 올리다

39 내리다/내려요(1)
연 비 오다

40 내리다/내려요(2)
연 눈 오다

41 내밀다/내밀어요(1)

42 내밀다/내밀어요(2)
연 내놓다

ㄱ ㄲ ㄴ ㄷ ㄸ ㅁ ㅂ ㅃ ㅅ ㅆ ㅇ ㅈ ㅉ ㅊ ㅋ ㅌ ㅍ ㅎ

냄새나다/냄새나요(1)

43 영 냄새 맡다, 방귀 뀌다

냄새나다/냄새나요(2)

44 영 냄새 맡다

냄새나다/냄새나요(3)

45 영 냄새 맡다

냄새나다/냄새나요(4)

46 영 냄새 맡다

냄새나다/냄새나요(5)

47 영 냄새 맡다

냄새나다/냄새나요(6)

48 영 냄새 맡다, 향기 나다, 향기 맡다

49 널다/널어요
연 말리다, 빨래하다 반 걷다

50 넓다/넓어요
반 좁다

51 넘기다/넘겨요

52 넘다/넘어요(1)

53 넘다/넘어요(2)

54 넘다/넘어요(3)
연 도둑질하다, 훔치다

ㄱ ㄲ ㄴ ㄷ ㄸ ㅁ ㅂ ㅃ ㅅ ㅆ ㅇ ㅈ ㅉ ㅊ ㅋ ㅌ ㅍ ㅎ

넘어지다/넘어져요(1)

55 · 옌 걸리다, 엎어지다

넘어지다/넘어져요(2)

56 · 옌 걸리다, 엎어지다

넘어지다/넘어져요(3)

57 · 옌 걸리다

넘어지다/넘어져요(4)

58

넘치다/넘쳐요(1)

59 · 옌 끓다

넘치다/넘쳐요(2)

60 · 옌 넘쳐흐르다, 흘러내리다

넘치다/넘쳐요(3)
61
（연） 거품 나다, 없다, 있다

넘치다/넘쳐요(4)
62
（연） 넘쳐흐르다

넣다/넣어요(1)
63
（연） 정리하다 （반） 꺼내다, 빼다

넣다/넣어요(2)
64
（연） 정리하다 （반） 꺼내다, 빼다

넣다/넣어요(3)
65
（연） 저금하다

넣다/넣어요(4)
66
（반） 꺼내다

67 넣다/넣어요(5)
연 정리하다 반 꺼내다

68 넣다/넣어요(6)
반 꺼내다, 빼다

69 넣다/넣어요(7)
연 농구 하다

70 넣다/넣어요(8)
반 빼다

71 넣다/넣어요(9)

72 넣다/넣어요(10)

ㄱ ㄲ ㄴ ㄷ ㄸ ㅁ ㅂ ㅃ ㅅ ㅆ ㅇ ㅈ ㅉ ㅊ ㅋ ㅌ ㅍ ㅎ

넣다/넣어요(11)

73

연 주유하다

넣다/넣어요(12)

74

연 정리하다 반 꺼내다

넣다/넣어요(13)

75

연 빨래하다 반 꺼내다

넣다/넣어요(14)

76

반 꺼내다, 빼다

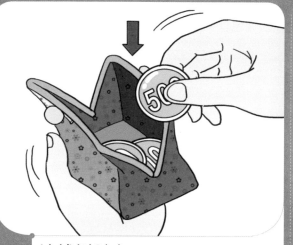

넣다/넣어요(15)

77

반 꺼내다

넣다/넣어요(16)

78

반 꺼내다, 빼다

[그림 3-1] 넣다/넣어요

ㄱ ㄲ ㄴ ㄷ ㄸ ㅁ ㅂ ㅃ ㅅ ㅆ ㅇ ㅈ ㅉ ㅊ ㅋ ㅌ ㅍ ㅎ

79 노래하다/노래해요(1)
연 노래 부르다, 박수치다

80 노래하다/노래해요(2)
연 노래 부르다

81 노래하다/노래해요(3)
연 노래 부르다

82 노래하다/노래해요(4)
연 노래 부르다

83 노래하다/노래해요(5)
연 노래 부르다

84 녹다/녹아요(1)
사 녹이다

ㄱ ㄲ ㄴ ㄷ ㄸ ㅁ ㅂ ㅃ ㅅ ㅆ ㅇ ㅈ ㅉ ㅊ ㅋ ㅌ ㅍ ㅎ

85 녹다/녹아요(2)
사 녹이다

86 녹다/녹아요(3)
사 녹이다

87 녹다/녹아요(4)
사 녹이다

88 놀다/놀아요(1)
연 밀다

89 놀다/놀아요(2)

90 놀다/놀아요(3)
연 쌓다

놀다/놀아요(4)

91 연 날리다

놀다/놀아요(5)

92

놀다/놀아요(6)

93

놀다/놀아요(7)

94

놀다/놀아요(8)

95

놀다/놀아요(9)

96 연 던지다, 받다

ㄱ ㄲ ㄴ ㄷ ㄸ ㅁ ㅂ ㅃ ㅅ ㅆ ㅇ ㅈ ㅉ ㅊ ㅋ ㅌ ㅍ ㅎ

97 놀다/놀아요(10)

98 놀다/놀아요(11)

99 놀라다/놀라요(1)
연 당황하다, 멈추다

100 놀라다/놀라요(2)
연 무섭다

101 놀라다/놀라요(3)
연 무섭다

102 놀라다/놀라요(4)
연 무섭다

ㄱ ㄲ ㄴ ㄷ ㄸ ㅁ ㅂ ㅃ ㅅ ㅆ ㅇ ㅈ ㅉ ㅊ ㅋ ㅌ ㅍ ㅎ

놀래다/놀래요

103 ⓨ 놀래키다

놀리다/놀려요(1)

104 ⓨ 약 오르다, 약 올리다, 화나다

놀리다/놀려요(2)

105 ⓨ 약 오르다, 약 올리다, 화나다

농구 하다/농구 해요(1)

106 ⓨ 넣다, 던지다

농구 하다/농구 해요(2)

107 ⓨ 튀기다

높다/높아요(1)

108 ⓟ 낮다

높다/높아요(2)
109 ⑲ 낮다

놓다/놓아요(1)
110

놓다/놓아요(2)
111 ⑳ 상 차리다

놓다/놓아요(3)
112

놓다/놓아요(4)
113 ⑳ 얹다, 올리다

놓다/놓아요(5)
114

115 놓치다/놓쳐요(1)

116 놓치다/놓쳐요(2)

117 놓치다/놓쳐요(3)

118 누다/눠요(1)
연 싸다

119 누다/눠요(2)
연 싸다

120 누다/눠요(3)
연 싸다

121 누르다/눌러요(1)

501호

122 누르다/눌러요(2)

123 눈싸움하다/눈싸움해요
연 던지다, 맞다

124 눕다/누워요(1)
연 자다 반 일어나다 사 눕히다

125 눕다/누워요(2)
연 쉬다 사 눕히다

126 눕히다/눕혀요(1)
주 눕다

127 눕히다/눕혀요(2)
㉮ 눕다

128 느리다/느려요
㉫ 빠르다

129 늙다/늙어요
㉫ 젊다

ㄱ ㄲ ㄴ ㄷ ㄸ ㅁ ㅂ ㅃ ㅅ ㅆ ㅇ ㅈ ㅉ ㅊ ㅋ ㅌ ㅍ ㅎ

4

ㄱ　ㄲ　ㄴ　ㄷ　ㄸ　ㅁ

ㅂ　ㅃ　ㅅ　ㅆ　ㅇ　ㅈ

ㅉ　ㅊ　ㅋ　ㅌ　ㅍ　ㅎ

ㄷ										
1	다르다	27	닫다(1)	53	더럽다(3)	79	돌리다(3)	105	들어가다(1)
2	다리다(1)	28	닫다(2)	54	더럽다(4)	80	돕다(1)	106	들어가다(2)
3	다리다(2)	29	닫다(3)	55	더럽히다	81	돕다(2)		
4	다치다(1)	30	닫다(4)	56	던지다(1)	82	두껍다		
5	다치다(2)	31	닫다(5)	57	던지다(2)	83	두드리다(1)		
6	다치다(3)	32	닫다(6)	58	던지다(3)	84	두드리다(2)		
7	다치다(4)	33	닫히다	59	던지다(4)	85	두르다		
8	다치다(5)	34	달다	60	던지다(5)	86	뒤집다(1)		
9	닦다(1)	35	달다(1)	61	던지다(6)	87	뒤집다(2)		
10	닦다(2)	36	달다(2)	62	덥다(1)	88	뒤집히다(1)		
11	닦다(3)	37	달다(3)	63	덥다(2)	89	뒤집히다(2)		
12	닦다(4)	38	달다(4)	64	덥다(3)	90	듣다(1)		
13	닦다(5)	39	달래다	65	덮다(1)	91	듣다(2)		
14	닦다(6)	40	달리다(1)	66	덮다(2)	92	들다		
15	닦다(7)	41	달리다(2)	67	도망가다(1)	93	들다(1)		
16	닦다(8)	42	달리다(3)	68	도망가다(2)	94	들다(2)		
17	닦다(9)	43	달리다(4)	69	도망가다(3)	95	들다(3)		
18	닦다(10)	44	달리다(5)	70	도망가다(4)	96	들다(4)		
19	닦다(11)	45	달리다(6)	71	도망가다(5)	97	들다(5)		
20	닦다(12)	46	담그다	72	돌다(1)	98	들다(6)		
21	닦다(13)	47	담다(1)	73	돌다(2)	99	들다(7)		
22	닦다(14)	48	담다(2)	74	돌다(3)	100	들다(8)		
23	닦다(15)	49	당기다(1)	75	돌다(4)	101	들다(9)		
24	닦다(16)	50	당기다(2)	76	돌다(5)	102	들리다		
25	닦이다(1)	51	더럽다(1)	77	돌리다(1)	103	들리다(1)		
26	닦이다(2)	52	더럽다(2)	78	돌리다(2)	104	들리다(2)		

1 다르다/달라요
반 같다

2 다리다/다려요(1)

3 다리다/다려요(2)

4 다치다/다쳐요(1)
연 아프다, 피 나다

5 다치다/다쳐요(2)
연 깁스하다, 부러지다, 아프다

6 다치다/다쳐요(3)
연 깁스하다, 목발 짚다, 부러지다, 아프다

7 다치다/다쳐요(4)
연 베다, 피 나다

8 다치다/다쳐요(5)
연 박다, 아프다

9 닦다/닦아요(1)

10 닦다/닦아요(2)

11 닦다/닦아요(3)
연 세수하다

12 닦다/닦아요(4)

닦다/닦아요(5)

13

닦다/닦아요(6)
㉰ 걸레질하다, 청소하다

14

닦다/닦아요(7)

15

닦다/닦아요(8)
㉰ 설거지하다

16

닦다/닦아요(9)
㉰ 땀나다

17

닦다/닦아요(10)
㉰ 세차하다

18

19 닦다/닦아요(11)

20 닦다/닦아요(12)
연 코 풀다

21 닦다/닦아요(13)
연 양치하다

22 닦다/닦아요(14)
연 양치하다

23 닦다/닦아요(15)
연 양치하다

24 닦다/닦아요(16)
연 세수하다 사 닦이다

닦이다/닦여요(1)

25 (주) 닦다

닦이다/닦여요(2)

26 (주) 닦다

닫다/닫아요(1)

27 (반) 열다

닫다/닫아요(2)

28 (반) 열다

닫다/닫아요(3)

29 (반) 열다

닫다/닫아요(4)

30 (반) 열다

ㄱ ㄲ ㄴ ㄷ ㄸ ㅁ ㅂ ㅃ ㅅ ㅆ ㅇ ㅈ ㅉ ㅊ ㅋ ㅌ ㅍ ㅎ

31 닫다/닫아요(5)
반 빼다

32 닫다/닫아요(6)
반 열다

33 닫히다/닫혀요
능 닫다

34 달다/달아요
반 쓰다

35 달다/달아요(1)
반 떼다

36 달다/달아요(2)

37 달다/달아요(3)
연 만들다

38 달다/달아요(4)
연 꿰매다

39 달래다/달래요
연 울다

40 달리다/달려요(1)
연 뛰다

41 달리다/달려요(2)
연 뛰다

42 달리다/달려요(3)
연 뛰다, 운동하다

43 달리다/달려요(4)
연 뛰다

44 달리다/달려요(5)
연 뛰다

45 달리다/달려요(6)
연 타다

46 담그다/담가요

47 담다/담아요(1)
연 넣다, 정리하다 반 꺼내다, 빼다

48 담다/담아요(2)
연 넣다

ㄱ ㄲ ㄴ ㄷ ㄸ ㄹ ㅁ ㅂ ㅃ ㅅ ㅆ ㅇ ㅈ ㅉ ㅊ ㅋ ㅌ ㅍ ㅎ

당기다/당겨요(1)

49 ⑲ 줄다리기하다 ⑪ 밀다

당기다/당겨요(2)

50

더럽다/더러워요(1)

51 ⑪ 깨끗하다

더럽다/더러워요(2)

52 ⑲ 설거지하다

더럽다/더러워요(3)

53 ㉔ 더럽히다

더럽다/더러워요(4)

54 ⑲ 냄새나다, 버리다

음식물

ㄱ ㄲ ㄴ ㄷ ㄸ ㅁ ㅂ ㅃ ㅅ ㅆ ㅇ ㅈ ㅉ ㅊ ㅋ ㅌ ㅍ ㅎ

55 더럽히다/더럽혀요
능 더럽다

56 던지다/던져요(1)
연 놀다 반 받다

57 던지다/던져요(2)

58 던지다/던져요(3)
연 넣다, 농구 하다

59 던지다/던져요(4)
연 게임 하다, 다트 하다

60 던지다/던져요(5)
연 눈싸움하다, 맞다

61 던지다/던져요(6)
연 야구 하다

62 덥다/더워요(1)
연 땀나다 반 춥다

63 덥다/더워요(2)
연 땀나다 반 춥다

64 덥다/더워요(3)
연 땀나다 반 춥다

65 덮다/덮어요(1)
연 자다

66 덮다/덮어요(2)

ㄱ ㄲ ㄴ ㄷ ㄸ ㄹ ㅁ ㅂ ㅃ ㅅ ㅆ ㅇ ㅈ ㅉ ㅊ ㅋ ㅌ ㅍ ㅎ

도망가다/도망가요(1)

67 ⑪ 놀라다, 달아나다, 도망치다, 무섭다

도망가다/도망가요(2)

68 ⑪ 놀라다, 달아나다, 도망가다, 무섭다

도망가다/도망가요(3)

69 ⑪ 쏘이다

도망가다/도망가요(4)

70 ⑪ 놓치다

도망가다/도망가요(5)

71 ⑪ 쫓아가다, 잡다

돌다/돌아요(1)

72

ㄱ ㄲ ㄴ ㄷ ㄸ ㅁ ㅂ ㅃ ㅅ ㅆ ㅇ ㅈ ㅉ ㅊ ㅋ ㅌ ㅍ ㅎ

73 돌다/돌아요(2)
사 돌리다

74 돌다/돌아요(3)
연 덥다, 시원하다, 틀다

75 돌다/돌아요(4)
연 치다 사 돌리다

76 돌다/돌아요(5)

77 돌리다/돌려요(1)

78 돌리다/돌려요(2)

79 돌리다/돌려요(3)
주 돌다

80 돕다/도와요(1)
연 부축하다

81 돕다/도와요(2)

82 두껍다/두꺼워요
반 얇다

83 두드리다/두드려요(1)
연 노크하다

84 두드리다/두드려요(2)

85 두르다/둘러요
연 감다 반 풀다

86 뒤집다/뒤집어요(1)
연 후라이하다 피 뒤집히다

87 뒤집다/뒤집어요(2)
연 씨름하다 피 뒤집히다

88 뒤집히다/뒤집혀요(1)

89 뒤집히다/뒤집혀요(2)
연 불다

90 듣다/들어요(1)
피 들리다

ㄱ ㄲ ㄴ ㄷ ㄸ ㅁ ㅂ ㅃ ㅅ ㅆ ㅇ ㅈ ㅉ ㅊ ㅋ ㅌ ㅍ ㅎ

듣다/들어요(2)

91   🔵 들리다

들다/들어요

92   🔵 대답하다, 발표하다 🔵 내리다

들다/들어요(1)

93   🔵 놓다

들다/들어요(2)

94

들다/들어요(3)

95   🔵 옮기다

들다/들어요(4)

96   🔵 나르다

들다/들어요(5)
97 ㉕ 장 보다

들다/들어요(6)
98

들다/들어요(7)
99 ㉕ 메다, 지다

들다/들어요(8)
100 ㉼ 들리다

들다/들어요(9)
101

들리다/들려요
102 ㉻ 들다

ㄱ ㄲ ㄴ ㄷ ㄸ ㅁ ㅂ ㅃ ㅅ ㅆ ㅇ ㅈ ㅉ ㅊ ㅋ ㅌ ㅍ ㅎ

들리다/들려요(1)

103 （능）듣다

들리다/들려요(2)

104 （능）듣다

목욕탕

들어가다/들어가요(1)

105 （연）뜨겁다 （반）나오다

터널

들어가다/들어가요(2)

106 （반）나오다

5

ㄱ ㄲ ㄴ ㄷ ㄸ ㅁ

ㅂ ㅃ ㅅ ㅆ ㅇ ㅈ

ㅉ ㅊ ㅋ ㅌ ㅍ ㅎ

ㄸ

1	따갑다(1)	27	떨다(1)	53	뛰다(9)
2	따갑다(2)	28	떨다(2)	54	뛰다(10)
3	따갑다(3)	29	떨다(3)	55	뛰다(11)
4	따다(1)	30	떨다(4)	56	뛰다(12)
5	따다(2)	31	떨어지다(1)	57	뛰어들다(1)
6	따다(3)	32	떨어지다(2)	58	뛰어들다(2)
7	따다(4)	33	떨어지다(3)	59	뜨개질하다(1)
8	따다(1)	34	떨어지다(4)	60	뜨개질하다(2)
9	따다(2)	35	떨어지다(5)	61	뜨겁다(1)
10	따다(3)	36	떨어지다(6)	62	뜨겁다(2)
11	따뜻하다(1)	37	떨어지다(7)	63	뜨겁다(3)
12	따뜻하다(2)	38	떨어지다(8)	64	뜨겁다(4)
13	따뜻하다(3)	39	떼다(1)	65	뜨겁다(5)
14	따라가다(1)	40	떼다(2)	66	뜨다
15	따라가다(2)	41	떼다(3)	67	뜨다(1)
16	따르다(1)	42	뚫다(1)	68	뜨다(2)
17	따르다(2)	43	뚫다(2)	69	뜨다(1)
18	따르다(3)	44	뚱뚱하다	70	뜨다(2)
19	땀나다(1)	45	뛰다(1)		
20	땀나다(2)	46	뛰다(2)		
21	땀나다(3)	47	뛰다(3)		
22	땋다	48	뛰다(4)		
23	때리다(1)	49	뛰다(5)		
24	때리다(2)	50	뛰다(6)		
25	때 밀다(1)	51	뛰다(7)		
26	때 밀다(2)	52	뛰다(8)		

1 따갑다/따가워요(1)
(반) 부드럽다

2 따갑다/따가워요(2)

3 따갑다/따가워요(3)

4 따다/따요(1)

5 따다/따요(2)

6 따다/따요(3)

7 따다/따요(4)

8 따다/따요(1)
연 열다

9 따다/따요(2)
연 열다

10 따다/따요(3)

11 따뜻하다/따뜻해요(1)
연 쬐다

12 따뜻하다/따뜻해요(2)
연 쬐다

ㄱ ㄲ ㄴ ㄷ ㄸ ㅁ ㅂ ㅃ ㅅ ㅆ ㅇ ㅈ ㅉ ㅊ ㅋ ㅌ ㅍ ㅎ

13 따뜻하다/따뜻해요(3)
연 쬐다

14 따라가다/따라가요(1)
연 쫓아가다

15 따라가다/따라가요(2)
연 쫓아가다

16 따르다/따라요(1)

17 따르다/따라요(2)

18 따르다/따라요(3)

ㄱ ㄲ ㄴ ㄷ ㄸ ㅁ ㅂ ㅃ ㅅ ㅆ ㅇ ㅈ ㅉ ㅊ ㅋ ㅌ ㅍ ㅎ

19 땀나다/땀나요(1)
연 덥다

20 땀나다/땀나요(2)
연 덥다

21 땀나다/땀나요(3)
연 덥다

22 땋다/땋아요

23 때리다/때려요(1)
반 맞다

24 때리다/때려요(2)
연 권투 하다 반 맞다

25 때 밀다/때 밀어요(1)
연 목욕하다

26 때 밀다/때 밀어요(2)
연 목욕하다

27 떨다/떨어요(1)
연 춥다

28 떨다/떨어요(2)
연 춥다

29 떨다/떨어요(3)
연 춥다

30 떨다/떨어요(4)
연 무섭다

ㄱ ㄲ ㄴ ㄷ **ㄸ** ㅁ ㅂ ㅃ ㅅ ㅆ ㅇ ㅈ ㅉ ㅊ ㅋ ㅌ ㅍ ㅎ

떨어지다/떨어져요(1)
31

떨어지다/떨어져요(2)
32

떨어지다/떨어져요(3)
33

떨어지다/떨어져요(4)
34

떨어지다/떨어져요(5)
35 옌 떨어뜨리다

떨어지다/떨어져요(6)
36 옌 떨어뜨리다

37 떨어지다/떨어져요(7)
연 떨어뜨리다

38 떨어지다/떨어져요(8)
연 떨어뜨리다

39 떼다/떼요(1)
연 먹다

40 떼다/떼요(2)
반 붙이다

41 떼다/떼요(3)
반 붙이다

42 뚫다/뚫어요(1)

43 뚫다/뚫어요(2)
연 공사하다

44 뚱뚱하다/뚱뚱해요
반 마르다, 홀쭉하다

45 뛰다/뛰어요(1)
연 달리다

46 뛰다/뛰어요(2)
연 달리다

47 뛰다/뛰어요(3)
연 비 오다, 피하다

48 뛰다/뛰어요(4)
연 달리다, 운동하다

49 뛰다/뛰어요(5)

50 뛰다/뛰어요(6)
연 줄넘기하다

51 뛰다/뛰어요(7)
연 달리다

52 뛰다/뛰어요(8)

53 뛰다/뛰어요(9)
연 달리다, 타다

54 뛰다/뛰어요(10)

55 뛰다/뛰어요(11)

56 뛰다/뛰어요(12)

57 뛰어들다/뛰어들어요(1)
연 수영하다, 출발하다

58 뛰어들다/뛰어들어요(2)
연 놀라다, 위험하다

59 뜨개질하다/뜨개질해요(1)
연 뜨다

60 뜨개질하다/뜨개질해요(2)
연 뜨다

ㄱ ㄲ ㄴ ㄷ ㄸ ㅁ ㅂ ㅃ ㅅ ㅆ ㅇ ㅈ ㅉ ㅊ ㅋ ㅌ ㅍ ㅎ

61 뜨겁다/뜨거워요(1)
반 차갑다

62 뜨겁다/뜨거워요(2)
반 차갑다

63 뜨겁다/뜨거워요(3)
반 차갑다

64 뜨겁다/뜨거워요(4)
반 차갑다

65 뜨겁다/뜨거워요(5)
연 불다 반 차갑다

66 뜨다/떠요
반 감다

67 뜨다/떠요(1)
반 지다

68 뜨다/떠요(2)
반 지다

69 뜨다/떠요(1)
반 가라앉다

70 뜨다/떠요(2)
반 가라앉다

ㄱ ㄲ ㄴ ㄷ ㄸ ㅁ ㅂ ㅃ ㅅ ㅆ ㅇ ㅈ ㅉ ㅊ ㅋ ㅌ ㅍ ㅎ

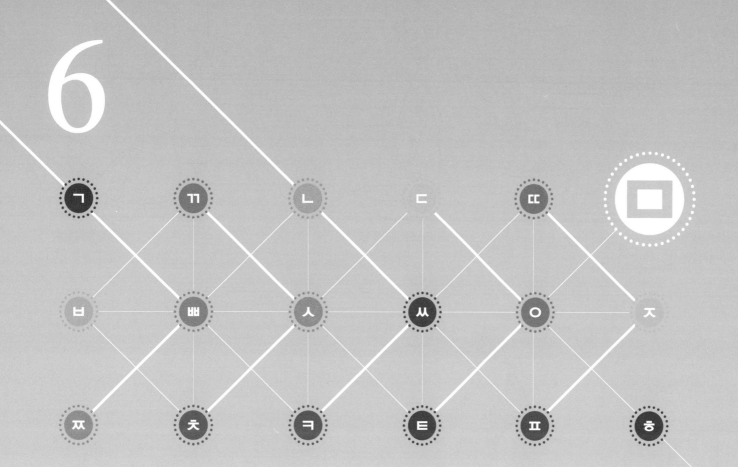

6

1	마렵다	27	많다	53	맵다(1)	79	먹다(24)	105	목욕하다(2)	131	물다(3)
2	마르다	28	말다	54	맵다(2)	80	먹다(25)	106	목욕하다(3)	132	물다(4)
3	마르다	29	말리다(1)	55	맵다(3)	81	먹다(26)	107	목욕하다(4)	133	물다(5)
4	마르다	30	말리다(2)	56	먹다(1)	82	먹이다(1)	108	목욕하다(5)	134	물다(6)
5	마시다(1)	31	말리다	57	먹다(2)	83	먹이다(2)	109	무겁다(1)	135	물다(7)
6	마시다(2)	32	말하다(1)	58	먹다(3)	84	먹이다(3)	110	무겁다(2)	136	미끄러지다(1)
7	마시다(3)	33	말하다(2)	59	먹다(4)	85	먹이다(4)	111	무너뜨리다	137	미끄러지다(2)
8	마시다(4)	34	말하다(3)	60	먹다(5)	86	먹히다	112	무너지다	138	밀다(1)
9	마시다(5)	35	맑다(1)	61	먹다(6)	87	멀다	113	무섭다(1)	139	밀다(2)
10	마시다(6)	36	맑다(2)	62	먹다(7)	88	멈추다(1)	114	무섭다(2)	140	밀다(3)
11	막다(1)	37	맛보다	63	먹다(8)	89	멈추다(2)	115	무섭다(3)	141	밀다(4)
12	막다(2)	38	맛없다	64	먹다(9)	90	멈추다(3)	116	묶다(1)	142	밀다(5)
13	막다(3)	39	맛있다	65	먹다(10)	91	멈추다(4)	117	묶다(2)	143	밀다(6)
14	막다(4)	40	맞다(1)	66	먹다(11)	92	메다(1)	118	묶다(3)	144	밀다(7)
15	막다(5)	41	맞다(2)	67	먹다(12)	93	메다(2)	119	묶다(4)	145	밀다(8)
16	막히다	42	맞다(3)	68	먹다(13)	94	메다(3)	120	묶다(5)	146	밀다(9)
17	만나다	43	맞다	69	먹다(14)	95	면도하다(1)	121	묶다(6)	147	밀다
18	만들다(1)	44	매다(1)	70	먹다(15)	96	면도하다(2)	122	묶이다(1)	148	밀다(1)
19	만들다(2)	45	매다(2)	71	먹다(16)	97	모으다	123	묶이다(2)	149	밀다(2)
20	만들다(3)	46	매다(3)	72	먹다(17)	98	모이다(1)	124	묻다(1)		[그림 6-1] 먹다
21	만들다(4)	47	매다(4)	73	먹다(18)	99	모이다(2)	125	묻다(2)		[그림 6-2] 먹다
22	만들다(5)	48	매다(5)	74	먹다(19)	100	목마르다	126	묻다		
23	만들다(6)	49	매달리다(1)	75	먹다(20)	101	목욕시키다(1)	127	묻히다		
24	만들다(7)	50	매달리다(2)	76	먹다(21)	102	목욕시키다(2)	128	물구나무서다		
25	만들다(8)	51	매달리다(3)	77	먹다(22)	103	목욕시키다(3)	129	물다(1)		
26	만들다(9)	52	매달리다(4)	78	먹다(23)	104	목욕하다(1)	130	물다(2)		

1 마렵다/마려워요
⟨연⟩ 참다

2 마르다/말라요
⟨연⟩ 덥다, 목마르다

3 마르다/말라요
⟨연⟩ 젖다 ⟨사⟩ 말리다

4 마르다/말라요
⟨연⟩ 홀쭉하다 ⟨반⟩ 뚱뚱하다

5 마시다/마셔요(1)

6 마시다/마셔요(2)

ㄱ ㄲ ㄴ ㄷ ㄸ ㅁ ㅂ ㅃ ㅅ ㅆ ㅇ ㅈ ㅉ ㅊ ㅋ ㅌ ㅍ ㅎ

7 마시다/마셔요(3)

8 마시다/마셔요(4)

9 마시다/마셔요(5)

10 마시다/마셔요(6)

11 막다/막아요(1)
연 냄새나다, 코 막다

12 막다/막아요(2)
연 시끄럽다

ㄱ ㄲ ㄴ ㄷ ㄸ ㅁ ㅂ ㅃ ㅅ ㅆ ㅇ ㅈ ㅉ ㅊ ㅋ ㅌ ㅍ ㅎ

13 막다/막아요(3)

<연> 코피 나다

14 막다/막아요(4)

<반> 빼다, 열다

15 막다/막아요(5)

<피> 막히다

16 막히다/막혀요

<능> 막다

17 만나다/만나요

<반> 헤어지다

18 만들다/만들어요(1)

ㄱ ㄲ ㄴ ㄷ ㄸ ㅁ ㅂ ㅃ ㅅ ㅆ ㅇ ㅈ ㅉ ㅊ ㅋ ㅌ ㅍ ㅎ

19 만들다/만들어요(2)
연 쌓다

20 만들다/만들어요(3)
연 조립하다

21 만들다/만들어요(4)
연 빚다

22 만들다/만들어요(5)
연 요리하다

23 만들다/만들어요(6)
연 굽다

24 만들다/만들어요(7)
연 박다

ㄱ ㄲ ㄴ ㄷ ㄸ ㅁ ㅂ ㅃ ㅅ ㅆ ㅇ ㅈ ㅉ ㅊ ㅋ ㅌ ㅍ ㅎ

25 만들다/만들어요(8)

26 만들다/만들어요(9)

27 많다/많아요
반 적다

28 말다/말아요
연 만들다, 싸다

29 말리다/말려요(1)
주 마르다

30 말리다/말려요(2)

말리다/말려요

31 ⓔ 싸우다

말하다/말해요(1)

32 ⓔ 전화하다, 통화하다

말하다/말해요(2)

33 ⓔ 발표하다

말하다/말해요(3)

34 ⓔ 따라 하다

맑다/맑아요(1)

35 ⓑ 흐리다

맑다/맑아요(2)

36 ⓔ 깨끗하다

ㄱ ㄲ ㄴ ㄷ ㄸ ㅁ ㅂ ㅃ ㅅ ㅆ ㅇ ㅈ ㅉ ㅊ ㅋ ㅌ ㅍ ㅎ

맛보다/맛봐요

37 　옌 요리하다

맛없다/맛없어요

38 　반 맛있다

맛있다/맛있어요

39 　반 맛없다

맞다/맞아요(1)

40 　옌 권투 하다　반 때리다

맞다/맞아요(2)

41 　사 맞히다

맞다/맞아요(3)

42 　옌 주사 놓다

ㄱ ㄲ ㄴ ㄷ ㄸ **ㅁ** ㅂ ㅃ ㅅ ㅆ ㅇ ㅈ ㅉ ㅊ ㅋ ㅌ ㅍ ㅎ

43 맞다/맞아요

44 매다/매요(1)
연 묶다 반 풀다

45 매다/매요(2)
반 풀다

46 매다/매요(3)
연 묶다 피 매이다

47 매다/매요(4)
연 묶다 반 풀다

48 매다/매요(5)
연 끼우다 반 풀다

ㄱ ㄲ ㄴ ㄷ ㄸ ㅁ ㅂ ㅃ ㅅ ㅆ ㅇ ㅈ ㅉ ㅊ ㅋ ㅌ ㅍ ㅎ

49 매달리다/매달려요(1)
반 떨어지다

50 매달리다/매달려요(2)
반 떨어지다

51 매달리다/매달려요(3)
반 떨어지다

52 매달리다/매달려요(4)

53 맵다/매워요(1)

54 맵다/매워요(2)

55 맵다/매워요(3)

56 먹다/먹어요(1)
㉐ 먹이다

57 먹다/먹어요(2)
㉐ 먹이다

58 먹다/먹어요(3)

59 먹다/먹어요(4)

60 먹다/먹어요(5)

먹다/먹어요(6)

61

먹다/먹어요(7)

62

먹다/먹어요(8)

63

먹다/먹어요(9)

64

먹다/먹어요(10)

65

먹다/먹어요(11)

66

ㄱ ㄲ ㄴ ㄷ ㄸ ㅁ ㅂ ㅃ ㅅ ㅆ ㅇ ㅈ ㅉ ㅊ ㅋ ㅌ ㅍ ㅎ

67 먹다/먹어요(12)

68 먹다/먹어요(13)

69 먹다/먹어요(14)

70 먹다/먹어요(15)

71 먹다/먹어요(16)

72 먹다/먹어요(17)

ㄱ ㄲ ㄴ ㄷ ㄸ ㅁ ㅂ ㅃ ㅅ ㅆ ㅇ ㅈ ㅉ ㅊ ㅋ ㅌ ㅍ ㅎ

73 먹다/먹어요(18)

74 먹다/먹어요(19)

75 먹다/먹어요(20)

76 먹다/먹어요(21)
연 까다

77 먹다/먹어요(22)

78 먹다/먹어요(23)

ㄱ ㄲ ㄴ ㄷ ㄸ ㅁ ㅂ ㅃ ㅅ ㅆ ㅇ ㅈ ㅉ ㅊ ㅋ ㅌ ㅍ ㅎ

79 먹다/먹어요(24)
ⓐ 먹이다

80 먹다/먹어요(25)

81 먹다/먹어요(26)
ⓟ 말다 ⓟ 먹히다

82 먹이다/먹여요(1)

83 먹이다/먹여요(2)
ⓟ 먹다

84 먹이다/먹여요(3)
ⓟ 먹다

ㄱ ㄲ ㄴ ㄷ ㄸ ㅁ ㅂ ㅃ ㅅ ㅆ ㅇ ㅈ ㅉ ㅊ ㅋ ㅌ ㅍ ㅎ

[그림 6-1] **먹다/먹어요**

ㄱ ㄲ ㄴ ㄷ ㄹ **ㅁ** ㅂ ㅃ ㅅ ㅆ ㅇ ㅈ ㅉ ㅊ ㅋ ㅌ ㅍ ㅎ

[그림 6-2] **먹다/먹어요**

ㄱ ㄲ ㄴ ㄷ ㄸ ㅁ ㅂ ㅃ ㅅ ㅆ ㅇ ㅈ ㅉ ㅊ ㅋ ㅌ ㅍ ㅎ

85 먹이다/먹여요(4)
㈜ 먹다

86 먹히다/먹혀요
㈜ 먹다

87 멀다/멀어요
㈜ 가깝다

88 멈추다/멈춰요(1)
㈜ 기다리다 ㈜ 가다

89 멈추다/멈춰요(2)
㈜ 놀라다, 세우다

90 멈추다/멈춰요(3)
㈜ 놀라다, 세우다

91 멈추다/멈춰요(4)
(반) 가다

92 메다/메요(1)

93 메다/메요(2)

94 메다/메요(3)
(연) 지다

95 면도하다/면도해요(1)
(연) 깎다

96 면도하다/면도해요(2)
(연) 깎다

97 모으다/모아요
연 넣다, 담다

98 모이다/모여요(1)

99 모이다/모여요(2)
연 주다 반 흩어지다

100 목마르다/목말라요
연 덥다, 마르다, 없다

101 목욕시키다/목욕시켜요(1)
주 목욕하다

102 목욕시키다/목욕시켜요(2)
주 목욕하다

ㄱ ㄲ ㄴ ㄷ ㄸ ㅁ ㅂ ㅃ ㅅ ㅆ ㅇ ㅈ ㅉ ㅊ ㅋ ㅌ ㅍ ㅎ

목욕시키다/목욕시켜요(3)

103 ㉴ 목욕하다

목욕하다/목욕해요(1)

104 ㉴ 목욕시키다

목욕하다/목욕해요(2)

105 ㉴ 목욕시키다

목욕하다/목욕해요(3)

106 ㉴ 목욕시키다

목욕하다/목욕해요(4)

107

목욕하다/목욕해요(5)

108

109 무겁다/무거워요(1)
연 들다 반 가볍다

110 무겁다/무거워요(2)
반 가볍다

111 무너뜨리다/무너뜨려요
연 부수다 반 쌓다

112 무너지다/무너져요
연 쓰러지다 사 무너뜨리다

113 무섭다/무서워요(1)
연 (주사) 맞다

114 무섭다/무서워요(2)

ㄱ ㄲ ㄴ ㄷ ㄸ ㅁ ㅂ ㅃ ㅅ ㅆ ㅇ ㅈ ㅉ ㅊ ㅋ ㅌ ㅍ ㅎ

무섭다/무서워요(3)

115

묶다/묶어요(1)

116 ⓔ 매다 ⓑ 풀다

묶다/묶어요(2)

117 ⓔ 매다 ⓑ 풀다

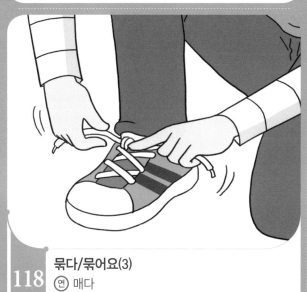

묶다/묶어요(3)

118 ⓔ 매다

묶다/묶어요(4)

119 ⓔ 매다

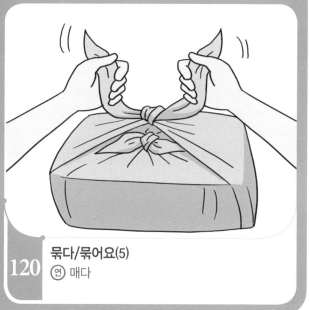

묶다/묶어요(5)

120 ⓔ 매다

묶다/묶어요(6)

121 ㉑ 매다

묶이다/묶여요(1)

122 ㉑ 매다 ㉓ 묶다

묶이다/묶여요(2)

123 ㉑ 매다 ㉓ 묶다

묻다/묻어요(1)

124 ㉑ 먹다, 핥다 ㉔ 묻히다

묻다/묻어요(2)

125 ㉑ 더럽다 ㉔ 묻히다

묻다/묻어요

126 ㉑ 죽다, 슬프다 ㉕ 묻히다

ㄱ ㄲ ㄴ ㄷ ㄸ ㅁ ㅂ ㅃ ㅅ ㅆ ㅇ ㅈ ㅉ ㅊ ㅋ ㅌ ㅍ ㅎ

묻히다/묻혀요

127 ㈜ 묻다

물구나무서다/물구나무서요

128

물다/물어요(1)

129

물다/물어요(2)

130

물다/물어요(3)

131 ㉠ 물리다

물다/물어요(4)

132 ㉠ 물리다

133 물다/물어요(5)
피 물리다

134 물다/물어요(6)
피 물리다

135 물다/물어요(7)
연 가렵다, 긁다 피 물리다

136 미끄러지다/미끄러져요(1)

137 미끄러지다/미끄러져요(2)
연 넘어지다, 엉덩방아 찧다

138 밀다/밀어요(1)
연 타다

ㄱ ㄲ ㄴ ㄷ ㄸ ㅁ ㅂ ㅃ ㅅ ㅆ ㅇ ㅈ ㅉ ㅊ ㅋ ㅌ ㅍ ㅎ

밀다/밀어요(2)

139 연 타다 피 밀리다

밀다/밀어요(3)

140 연 타다 피 밀리다

밀다/밀어요(4)

141 반 끌다

밀다/밀어요(5)

142

밀다/밀어요(6)

143 연 장 보다

밀다/밀어요(7)

144 피 밀리다

밀다/밀어요(8)

145

피 밀리다

밀다/밀어요(9)

146

피 밀리다

밀다/밀어요

147

밀다/밀어요(1)

148

연 걸레질하다, 청소하다

밀다/밀어요(2)

149

연 목욕하다

ㄱ ㄲ ㄴ ㄷ ㄸ ㅁ ㅂ ㅃ ㅅ ㅆ ㅇ ㅈ ㅉ ㅊ ㅋ ㅌ ㅍ ㅎ

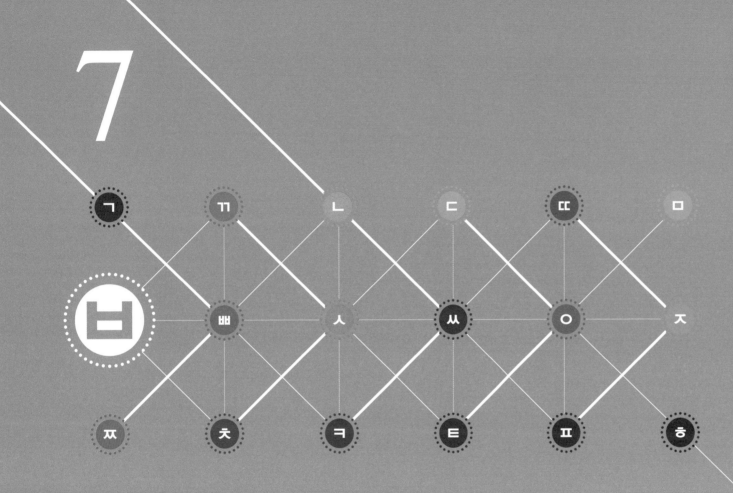

7

ㅂ

1	바꾸다	27	밝다(1)	53	벗기다(2)	79	보다(7)	105	부르다(3)	131	붓다(1)
2	바르다(1)	28	밝다(2)	54	벗기다(3)	80	보다(8)	106	부서지다(1)	132	붓다(2)
3	바르다(2)	29	밟다(1)	55	벗기다(4)	81	보다(9)	107	부서지다(2)	133	붙다
4	바르다(3)	30	밟다(2)	56	벗다(1)	82	보다(10)	108	부서지다(3)	134	붙이다(1)
5	바르다(4)	31	밟다(3)	57	벗다(2)	83	보다(11)	109	부수다(1)	135	붙이다(2)
6	바르다(5)	32	배고프다(1)	58	벗다(3)	84	볼링 치다(1)	110	부수다(2)	136	붙이다(3)
7	바르다(6)	33	배고프다(2)	59	벗다(4)	85	볼링 치다(2)	111	부수다(3)	137	붙이다(4)
8	바르다(7)	34	배고프다(3)	60	벗다(5)	86	부끄럽다	112	부자이다(1)	138	붙이다
9	박다(1)	35	배구 하다	61	벗다(6)	87	부드럽다(1)	113	부자이다(2)	139	비다(1)
10	박다(2)	36	배달하다(1)	62	벗다(7)	88	부드럽다(2)	114	부지런하다	140	비다(2)
11	박수치다(1)	37	배달하다(2)	63	벗다(8)	89	부드럽다(3)	115	부치다	141	비다(3)
12	박수치다(2)	38	배드민턴 치다	64	벗다(9)	90	부딪치다(1)	116	불 끄다(1)	142	비 오다
13	박수치다(3)	39	배부르다	65	벗어지다(1)	91	부딪치다(2)	117	불 끄다(2)	143	비추다
14	박수치다(4)	40	배우다(1)	66	벗어지다(2)	92	부딪치다(3)	118	불나다(1)	144	비치다
15	박수치다(5)	41	배우다(2)	67	베다(1)	93	부딪치다(4)	119	불나다(2)	145	빌다
16	반죽하다	42	뱉다(1)	68	베다(2)	94	부딪치다(5)	120	불다(1)	146	빌리다
17	반짝이다(1)	43	뱉다(2)	69	베다(1)	95	부딪치다(6)	121	불다(2)	147	빗기다(1)
18	반짝이다(2)	44	뱉다(3)	70	베다(2)	96	부딪치다(7)	122	불다(3)	148	빗기다(2)
19	받다(1)	45	버리다(1)	71	베이다(1)	97	부러뜨리다	123	불다(4)	149	빗다(1)
20	받다(2)	46	버리다(2)	72	베이다(2)	98	부러지다(1)	124	불다(5)	150	빗다(2)
21	받다(3)	47	버리다(3)	73	보다(1)	99	부러지다(2)	125	불다(6)	151	빛나다(1)
22	받다(4)	48	벌리다(1)	74	보다(2)	100	부러지다(3)	126	불다(7)	152	빛나다(2)
23	받다(5)	49	벌리다(2)	75	보다(3)	101	부러지다(4)	127	불다(8)		
24	받다(6)	50	벌리다(3)	76	보다(4)	102	부러지다(5)	128	불다(9)		
25	받다(7)	51	벌리다(4)	77	보다(5)	103	부르다(1)	129	불다		
26	받다(8)	52	벗기다(1)	78	보다(6)	104	부르다(2)	130	붓다		

1 바꾸다/바꿔요
연 교환하다

2 바르다/발라요(1)
연 칠하다, 화장하다

3 바르다/발라요(2)
연 화장하다

4 바르다/발라요(3)

5 바르다/발라요(4)
연 칠하다

6 바르다/발라요(5)

ㄱ ㄲ ㄴ ㄷ ㄸ ㅁ ㅂ ㅃ ㅅ ㅆ ㅇ ㅈ ㅉ ㅊ ㅋ ㅌ ㅍ ㅎ

바르다/발라요(6)

7

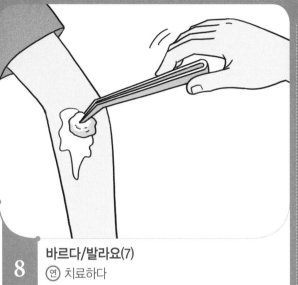

바르다/발라요(7)

8 / 연 치료하다

박다/박아요(1)

9 / 연 만들다 / 피 박히다

박다/박아요(2)

10 / 피 박히다

박수치다/박수쳐요(1)

11 / 표 박수하다 / 연 손뼉 치다

박수치다/박수쳐요(2)

12 / 표 박수하다 / 연 손뼉 치다

ㄱ ㄲ ㄴ ㄷ ㄸ ㅁ ㅂ ㅃ ㅅ ㅆ ㅇ ㅈ ㅉ ㅊ ㅋ ㅌ ㅍ ㅎ

13 박수치다/박수쳐요(3)
표 박수하다 연 손뼉 치다

14 박수치다/박수쳐요(4)
표 박수하다 연 손뼉 치다

15 박수치다/박수쳐요(5)
표 박수하다 연 손뼉 치다

16 반죽하다/반죽해요

17 반짝이다/반짝여요(1)
연 빛나다

18 반짝이다/반짝여요(2)
연 빛나다

받다/받아요(1)

19 (반) 주다

받다/받아요(2)

20 (연) 야구 하다 (반) 던지다

받다/받아요(3)

21 (연) 배구 하다, 치다

받다/받아요(4)

22 (반) 던지다

받다/받아요(5)

23 (반) 주다

받다/받아요(6)

24 (반) 주다

ㄱ ㄲ ㄴ ㄷ ㄸ ㅁ ㅂ ㅃ ㅅ ㅆ ㅇ ㅈ ㅉ ㅊ ㅋ ㅌ ㅍ ㅎ

25 받다/받아요(7)

26 받다/받아요(8)

27 밝다/밝아요(1)
(연) 환하다 (반) 어둡다

28 밝다/밝아요(2)
(연) 환하다 (반) 어둡다

29 밟다/밟아요(1)
(피) 밟히다

30 밟다/밟아요(2)

31 밟다/밟아요(3)
피 밟히다

32 배고프다/배고파요(1)
반 배부르다

33 배고프다/배고파요(2)
반 배부르다

34 배고프다/배고파요(3)
반 배부르다

35 배구 하다/배구 해요

36 배달하다/배달해요(1)

ㄱ ㄲ ㄴ ㄷ ㄸ ㅁ ㅂ ㅃ ㅅ ㅆ ㅇ ㅈ ㅉ ㅊ ㅋ ㅌ ㅍ ㅎ

배달하다/배달해요(2)

37

배드민턴 치다/배드민턴 쳐요

38

배부르다/배불러요

39 반 배고프다

배우다/배워요(1)

40 연 공부하다 반 가르치다

배우다/배워요(2)

41 연 공부하다 반 가르치다

뱉다/뱉어요(1)

42

143 • 7 ▶

43 뱉다/뱉어요(2)

44 뱉다/뱉어요(3)

45 버리다/버려요(1)

46 버리다/버려요(2)
(반) 줍다

47 버리다/버려요(3)

48 벌리다/벌려요(1)
(반) 다물다

49 벌리다/벌려요(2)

50 벌리다/벌려요(3)

51 벌리다/벌려요(4)

52 벗기다/벗겨요(1)
(반) 신기다 (능) 벗다

53 벗기다/벗겨요(2)
(반) 입히다 (능) 벗다

54 벗기다/벗겨요(3)
(반) 신기다 (주)(능) 벗다

벗기다/벗겨요(4)
55 ⟨연⟩ 까다

벗다/벗어요(1)
56 ⟨반⟩ 신다 ⟨사⟩ 벗기다

벗다/벗어요(2)
57 ⟨반⟩ 신다 ⟨피⟩ 벗기다

벗다/벗어요(3)
58 ⟨반⟩ 입다 ⟨피⟩ 벗기다

벗다/벗어요(4)
59 ⟨반⟩ 입다

벗다/벗어요(5)
60 ⟨반⟩ 입다

ㄱ ㄲ ㄴ ㄷ ㄸ ㅁ ㅂ ㅃ ㅅ ㅆ ㅇ ㅈ ㅉ ㅊ ㅋ ㅌ ㅍ ㅎ

61 벗다/벗어요(6)
반 끼우다

62 벗다/벗어요(7)
반 신다 사 벗기다

63 벗다/벗어요(8)
반 쓰다

64 벗다/벗어요(9)
반 끼다, 끼우다

65 벗어지다/벗어져요(1)

66 벗어지다/벗어져요(2)

67 베다/베요(1)

68 베다/베요(2)
연 재우다

69 베다/베요(1)
연 자르다 피 베이다

70 베다/베요(2)
연 자르다, 톱질하다

71 베이다/베여요(1)
연 피 나다

72 베이다/베여요(2)
연 피 나다

ㄱ ㄲ ㄴ ㄷ ㄸ ㅁ ㅂ ㅃ ㅅ ㅆ ㅇ ㅈ ㅉ ㅊ ㅋ ㅌ ㅍ ㅎ

보다/봐요(1)

73

보다/봐요(2)

연 확대하다

74

보다/봐요(3)

75

보다/봐요(4)

연 공부하다, 읽다

76

보다/봐요(5)

연 공부하다, 읽다

77

보다/봐요(6)

78

79 보다/봐요(7)
⑲ 바르다, 화장하다

80 보다/봐요(8)

81 보다/봐요(9)

82 보다/봐요(10)

83 보다/봐요(11)

84 볼링 치다/볼링 쳐요(1)
⑲ 볼링 하다, 굴리다

ㄱ ㄲ ㄴ ㄷ ㄸ ㅁ ㅂ ㅃ ㅅ ㅆ ㅇ ㅈ ㅉ ㅊ ㅋ ㅌ ㅍ ㅎ

볼링 치다/볼링 쳐요(2)
85 　㈜ 볼링 하다, 굴리다

부끄럽다/부끄러워요
86 　㈜ 창피하다

부드럽다/부드러워요(1)
87

부드럽다/부드러워요(2)
88 　㈜ 폭신폭신하다 　㈝ 단단하다, 딱딱하다

부드럽다/부드러워요(3)
89

부딪치다/부딪쳐요(1)
90

91 **부딪치다/부딪쳐요(2)**
  연 놀라다 피 부딪히다

92 **부딪치다/부딪쳐요(3)**
  피 부딪히다

93 **부딪치다/부딪쳐요(4)**

94 **부딪치다/부딪쳐요(5)**
  피 부딪히다

95 **부딪치다/부딪쳐요(6)**
  연 사고 나다 피 부딪히다

96 **부딪치다/부딪쳐요(7)**
  연 사고 나다

부러뜨리다/부러뜨려요

97 연 부러지다

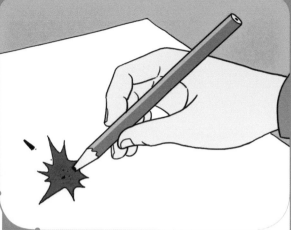

부러지다/부러져요(1)

98 연 부러뜨리다

부러지다/부러져요(2)

99 연 부서지다

부러지다/부러져요(3)

100

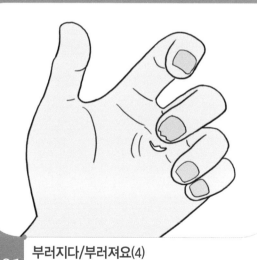

부러지다/부러져요(4)

101 연 깨지다

부러지다/부러져요(5)

102 연 번개 치다, 벼락 치다

ㄱ ㄲ ㄴ ㄷ ㄸ ㅁ ㅂ ㅃ ㅅ ㅆ ㅇ ㅈ ㅉ ㅊ ㅋ ㅌ ㅍ ㅎ

103 부르다/불러요(1)
연 오다

104 부르다/불러요(2)
연 오다

105 부르다/불러요(3)
연 오다

106 부서지다/부서져요(1)

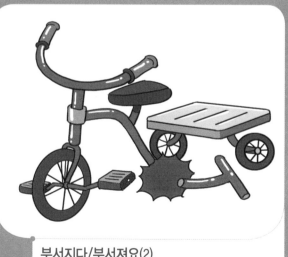

107 부서지다/부서져요(2)
연 고장 나다

108 부서지다/부서져요(3)
연 부러지다, 고장 나다

ㄱ ㄲ ㄴ ㄷ ㄸ ㅁ ㅂ ㅃ ㅅ ㅆ ㅇ ㅈ ㅉ ㅊ ㅋ ㅌ ㅍ ㅎ

부수다/부숴요(1)
109 ② 깨다

부수다/부숴요(2)
110

부수다/부숴요(3)
111 ② 넘어뜨리다, 무너뜨리다 ④ 쌓다

부자이다/부자예요(1)
112 ② 부유하다 ④ 가난하다

부자이다/부자예요(2)
113 ② 부유하다 ④ 가난하다

부지런하다/부지런해요
114 ④ 게으르다

115 부치다/부쳐요
연 부채질하다, 덥다

116 불 끄다/불 꺼요(1)
반 켜다

117 불 끄다/불 꺼요(2)
반 불나다

118 불나다/불나요(1)
반 불 끄다

119 불나다/불나요(2)
반 불 끄다

120 불다/불어요(1)
연 터지다

ㄱ ㄲ ㄴ ㄷ ㄸ ㅁ ㅂ ㅃ ㅅ ㅆ ㅇ ㅈ ㅉ ㅊ ㅋ ㅌ ㅍ ㅎ

불다/불어요(2)
121 @ 날리다

생일 축하합니다

불다/불어요(3)
122 @ 끄다

불다/불어요(4)
123 @ 연주하다

불다/불어요(5)
124 @ 연주하다

불다/불어요(6)
125 @ 날리다

불다/불어요(7)
126 @ 식히다

컵라면

ㄱ ㄲ ㄴ ㄷ ㄸ ㅁ ㅂ ㅃ ㅅ ㅆ ㅇ ㅈ ㅉ ㅊ ㅋ ㅌ ㅍ ㅎ

127 불다/불어요(8)
연 식히다

128 불다/불어요(9)

129 불다/불어요

130 붓다/부어요
연 가렵다, 물다, 물리다

131 붓다/부어요(1)
연 따르다

132 붓다/부어요(2)
연 쏟다

ㄱ ㄲ ㄴ ㄷ ㄸ ㅁ ㅂ ㅃ ㅅ ㅆ ㅇ ㅈ ㅉ ㅊ ㅋ ㅌ ㅍ ㅎ

133 붙다/붙어요
(반) 떼다

134 붙이다/붙여요(1)
(반) 떼다

135 붙이다/붙여요(2)
(반) 떼다 (주) 붙다

136 붙이다/붙여요(3)
(연) 칠하다

137 붙이다/붙여요(4)
(반) 떼다

138 붙이다/붙여요

139 비다/비어요(1)
반 차다

140 비다/비어요(2)
연 없다, 있다 반 차다

141 비다/비어요(3)
연 없다, 있다 반 차다

142 비 오다/비 와요
연 내리다

143 비추다/비춰요

144 비치다/비쳐요

ㄱ ㄲ ㄴ ㄷ ㄸ ㅁ ㅂ ㅃ ㅅ ㅆ ㅇ ㅈ ㅉ ㅊ ㅋ ㅌ ㅍ ㅎ

145 **빌다/빌어요**
㉼ 혼나다, 혼내다

146 **빌리다/빌려요**
㉼ 빌려주다

147 **빗기다/빗겨요(1)**
㈜ 빗다

148 **빗기다/빗겨요(2)**
㈜ 빗다

149 **빗다/빗어요(1)**
㈔ 빗기다

150 **빗다/빗어요(2)**
㈔ 빗기다

151 빛나다/빛나요(1)
ⓒ 반짝이다

152 빛나다/빛나요(2)
ⓒ 반짝이다

ㄱ ㄲ ㄴ ㄷ ㄸ ㅁ ㅂ ㅃ ㅅ ㅆ ㅇ ㅈ ㅉ ㅊ ㅋ ㅌ ㅍ ㅎ

8

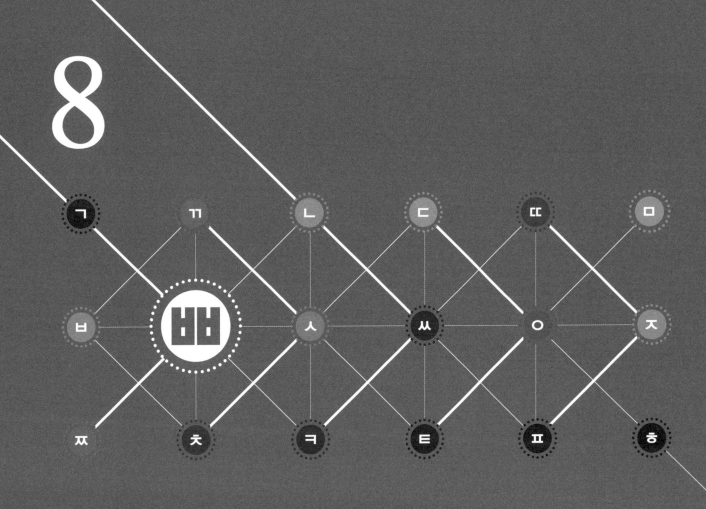

1	빠르다	27	뿌리다(1)
2	빠지다(1)	28	뿌리다(2)
3	빠지다(2)	29	뿌리다(3)
4	빠지다	30	뿌리다(4)
5	빨다(1)	31	삐치다(1)
6	빨다(2)	32	삐치다(2)
7	빨다(3)		
8	빨다(4)		
9	빨다(1)		
10	빨다(2)		
11	빼다(1)		
12	빼다(2)		
13	빼다(3)		
14	뺏기다(1)		
15	뺏기다(2)		
16	뺏다(1)		
17	뺏다(2)		
18	뽀뽀하다(1)		
19	뽀뽀하다(2)		
20	뽀뽀하다(3)		
21	뽀뽀하다(4)		
22	뽑다(1)		
23	뽑다(2)		
24	뽑다(3)		
25	뽑다(4)		
26	뽑다(5)		

ㅃ

1 빠르다/빨라요
연 경주하다 반 느리다

2 빠지다/빠져요(1)

3 빠지다/빠져요(2)

4 빠지다/빠져요

5 빨다/빨아요(1)
연 먹다

6 빨다/빨아요(2)
연 마시다

ㄱ ㄲ ㄴ ㄷ ㄸ ㅁ ㅂ **ㅃ** ㅅ ㅆ ㅇ ㅈ ㅉ ㅊ ㅋ ㅌ ㅍ ㅎ

7 빨다/빨아요(3)
연 마시다

8 빨다/빨아요(4)
연 마시다

9 빨다/빨아요(1)
연 빨래하다

10 빨다/빨아요(2)
연 빨래하다

11 빼다/빼요(1)
연 꺼내다 반 넣다

12 빼다/빼요(2)
연 꺼내다, 뽑다 반 넣다

ㄱ ㄲ ㄴ ㄷ ㄸ ㅁ ㅂ **ㅃ** ㅅ ㅆ ㅇ ㅈ ㅉ ㅊ ㅋ ㅌ ㅍ ㅎ

13 빼다/빼요(3)

⑲ 뽑다

14 뺏기다/뺏겨요(1)

⑭ 빼앗기다 ⑮ 뺏다, 빼앗다

15 뺏기다/뺏겨요(2)

⑭ 빼앗기다 ⑮ 뺏다, 빼앗다

16 뺏다/뺏어요(1)

⑭ 빼앗다 ⑯ 빼앗기다, 뺏기다

17 뺏다/뺏어요(2)

⑭ 빼앗다 ⑯ 빼앗기다, 뺏기다

18 뽀뽀하다/뽀뽀해요(1)

⑲ 사랑하다

ㄱ ㄲ ㄴ ㄷ ㄸ ㅁ ㅂ ㅃ ㅅ ㅆ ㅇ ㅈ ㅉ ㅊ ㅋ ㅌ ㅍ ㅎ

19 뽀뽀하다/뽀뽀해요(2)
연 사랑하다

20 뽀뽀하다/뽀뽀해요(3)
연 사랑하다

21 뽀뽀하다/뽀뽀해요(4)
연 사랑하다

22 뽑다/뽑아요(1)
연 빼다

23 뽑다/뽑아요(2)
연 심다

24 뽑다/뽑아요(3)
연 심다

ㄱ ㄲ ㄴ ㄷ ㄸ ㅁ ㅂ ㅃ ㅅ ㅆ ㅇ ㅈ ㅉ ㅊ ㅋ ㅌ ㅍ ㅎ

25 뽑다/뽑아요(4)
⑲ 빼다 ⑭ 뽑히다

26 뽑다/뽑아요(5)
⑭ 뽑히다

27 뿌리다/뿌려요(1)
⑲ (물) 주다

28 뿌리다/뿌려요(2)

29 뿌리다/뿌려요(3)
⑲ 죽다

30 뿌리다/뿌려요(4)
⑲ 치다, 후라이하다

31 삐치다/삐쳐요(1)
(연) 싸우다

32 삐치다/삐쳐요(2)
(연) 약 올리다

ㄱ ㄲ ㄴ ㄷ ㄸ ㅁ ㅂ **ㅃ** ㅅ ㅆ ㅇ ㅈ ㅉ ㅊ ㅋ ㅌ ㅍ ㅎ

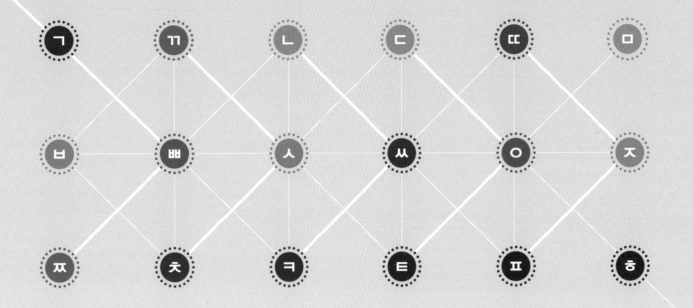

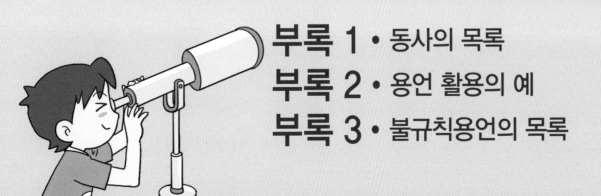

동사의 목록

ㄱ

#		#		#		#		#		#	
1	가깝다	27	감다(1)	53	걸다(9)	79	곧다(1)	105	그리다(1)	131	기침하다(3)
2	가난하다(1)	28	감다(2)	54	걸다	80	곧다(2)	106	그리다(2)	132	기침하다(4)
3	가난하다(2)	29	감다	55	걸레질하다	81	골프 치다	107	그리다(3)	133	기침하다(5)
4	가다(1)	30	감다(1)	56	걸리다(1)	82	공부시키다	108	그리다(4)	134	길다
5	가다(2)	31	감다(2)	57	걸리다(2)	83	공부하다(1)	109	긁다(1)	135	길다(2)
6	가다(3)	32	같다(1)	58	걸리다(3)	84	공부하다(2)	110	긁다(2)	136	길다(3)
7	가다(4)	33	같다(2)	59	게으르다	85	교통정리 하다	111	긁다(3)	137	길다(4)
8	가다(5)	34	개다(1)	60	게임 하다(1)	86	구르다(1)	112	긁다(4)	138	길다(5)
9	가다(6)	35	개다(2)	61	게임 하다(2)	87	구르다(2)	113	긁다(5)	139	길다(6)
10	가다(7)	36	건너다(1)	62	게임 하다(3)	88	구르다(3)	114	긁히다(1)	140	깁스하다(1)
11	가다(8)	37	건너다(2)	63	결석하다	89	구부리다(1)	115	긁히다(2)	141	깁스하다(2)
12	가라앉다	38	건너다(3)	64	결혼하다	90	구부리다(2)	116	긋다	142	깊다
13	가라앉히다	39	건너다(4)	65	겹치다(1)	91	구하다	117	기다(1)		[그림 1-1] 가다
14	가렵다(1)	40	걷다(1)	66	겹치다(2)	92	굴리다(1)	118	기다(2)		
15	가렵다(2)	41	걷다(2)	67	계산하다(1)	93	굴리다(2)	119	기다(3)		
16	가르치다(1)	42	걷다(3)	68	계산하다(2)	94	굴리다(3)	120	기다리다(1)		
17	가르치다(2)	43	걷다(4)	69	계산하다(3)	95	굴리다(4)	121	기다리다(2)		
18	가르치다(3)	44	걷다(5)	70	계산하다(4)	96	굴리다(5)	122	기다리다(3)		
19	가리키다	45	걸다(1)	71	고르다(1)	97	굴리다(6)	123	기다리다(4)		
20	가볍다	46	걸다(2)	72	고르다(2)	98	굴리다(7)	124	기다리다(5)		
21	간지럽다(1)	47	걸다(3)	73	고르다(3)	99	굽다(1)	125	기대다(1)		
22	간지럽다(2)	48	걸다(4)	74	고장 나다	100	굽다(2)	126	기대다(2)		
23	갈다	49	걸다(5)	75	고치다(1)	101	굽다(3)	127	기도하다(1)		
24	갈아입다(1)	50	걸다(6)	76	고치다(2)	102	굽다(4)	128	기도하다(2)		
25	갈아입다(2)	51	걸다(7)	77	고치다(3)	103	권투 하다(1)	129	기침하다(1)		
26	감기다	52	걸다(8)	78	고치다(4)	104	권투 하다(2)	130	기침하다(2)		

ㄲ

#		#		#	
1	까다(1)	27	꺾다(2)	53	꿇다(2)
2	까다(2)	28	꼬집다(1)	54	꿇다(3)
3	까다	29	꼬집다(2)	55	끼우다(1)
4	깎다(1)	30	꽂다(1)	56	끼우다(2)
5	깎다(2)	31	꽂다(2)	57	끼우다(3)
6	깎다(3)	32	꽂다(3)	58	끼우다(4)
7	깎다(4)	33	꽂다(4)	59	끼우다(5)
8	깎다(5)	34	꿈꾸다	60	끼이다(1)
9	깎다(6)	35	꿰다(1)	61	끼이다(2)
10	깔다	36	꿰다(2)	62	끼이다(1)
11	깨끗하다	37	꿰매다(1)	63	끼이다(2)
12	깨다(1)	38	꿰매다(2)		
13	깨다(2)	39	끄다(1)		
14	깨다(3)	40	끄다(2)		
15	깨다(1)	41	끄다(3)		
16	깨다(2)	42	끄다(4)		
17	깨다(3)	43	끄다(5)		
18	깨물다	44	끄다(6)		
19	깨우다	45	끊다		
20	꺼내다(1)	46	끊어지다(1)		
21	꺼내다(2)	47	끊어지다(2)		
22	꺼내다(3)	48	끌다(1)		
23	꺼내다(4)	49	끌다(2)		
24	꺼내다(5)	50	끌다(3)		
25	꺼내다(6)	51	끌리다		
26	꺾다(1)	52	꿇다(1)		

ㄴ

#		#		#		#		#	
1	나누다(1)	27	낮다(4)	53	넘다(2)	79	노래하다(1)	105	놀리다(2)
2	나누다(2)	28	낳다(1)	54	넘다(3)	80	노래하다(2)	106	농구 하다(1)
3	나누다(3)	29	낳다(2)	55	넘어지다(1)	81	노래하다(3)	107	농구 하다(2)
4	나다	30	내다(1)	56	넘어지다(2)	82	노래하다(4)	108	높다(1)
5	나르다(1)	31	내다(2)	57	넘어지다(3)	83	노래하다(5)	109	높다(2)
6	나르다(2)	32	내려가다(1)	58	넘어지다(4)	84	녹다(1)	110	놓다(1)
7	나르다(2)	33	내려가다(2)	59	넘치다(1)	85	녹다(2)	111	놓다(2)
8	나오다(1)	34	내려가다(3)	60	넘치다(2)	86	녹다(3)	112	놓다(3)
9	나오다(2)	35	내리다(1)	61	넘치다(3)	87	녹다(4)	113	놓다(4)
10	낙서하다	36	내리다(2)	62	넘치다(4)	88	놀다(1)	114	놓다(5)
11	낚시하다(1)	37	내리다(3)	63	넣다(1)	89	놀다(2)	115	놓치다(1)
12	낚시하다(2)	38	내리다	64	넣다(2)	90	놀다(3)	116	놓치다(2)
13	날다(1)	39	내리다(1)	65	넣다(3)	91	놀다(4)	117	놓치다(3)
14	날다(2)	40	내리다(2)	66	넣다(4)	92	놀다(5)	118	누다(1)
15	날다(3)	41	내밀다(1)	67	넣다(5)	93	놀다(6)	119	누다(2)
16	날다(4)	42	내밀다(2)	68	넣다(6)	94	놀다(7)	120	누다(3)
17	날다(5)	43	냄새나다(1)	69	넣다(7)	95	놀다(8)	121	누르다(1)
18	날다(6)	44	냄새나다(2)	70	넣다(8)	96	놀다(9)	122	누르다(2)
19	날다(7)	45	냄새나다(3)	71	넣다(9)	97	놀다(10)	123	눈싸움하다
20	날리다(1)	46	냄새나다(4)	72	넣다(10)	98	놀다(11)	124	눕다(1)
21	날리다(2)	47	냄새나다(5)	73	넣다(11)	99	놀라다(1)	125	눕다(2)
22	남기다	48	냄새나다(6)	74	넣다(12)	100	놀라다(2)	126	눕히다(1)
23	남다	49	널다	75	넣다(13)	101	놀라다(3)	127	눕히다(2)
24	낮다(1)	50	넓다	76	넣다(14)	102	놀라다(4)	128	느리다
25	낮다(2)	51	넘기다	77	넣다(15)	103	놀래다	129	늙다
26	낮다(3)	52	넘다(1)	78	넣다(16)	104	놀리다(1)		[그림 3-1] 넣다

동사의 목록

ㄷ

#	단어	#	단어	#	단어	#	단어	#	단어
1	다르다	27	닫다(1)	53	더럽다(3)	79	돌리다(3)	105	들어가다(1)
2	다리다(1)	28	닫다(2)	54	더럽다(4)	80	돕다(1)	106	들어가다(2)
3	다리다(2)	29	닫다(3)	55	더럽히다	81	돕다(2)		
4	다치다(1)	30	닫다(4)	56	던지다(1)	82	두껍다		
5	다치다(2)	31	닫다(5)	57	던지다(2)	83	두드리다(1)		
6	다치다(3)	32	닫다(6)	58	던지다(3)	84	두드리다(2)		
7	다치다(4)	33	닫히다	59	던지다(4)	85	두르다		
8	다치다(5)	34	달다	60	던지다(5)	86	뒤집다(1)		
9	닦다(1)	35	달다(1)	61	던지다(6)	87	뒤집다(2)		
10	닦다(2)	36	달다(2)	62	덥다(1)	88	뒤집히다(1)		
11	닦다(3)	37	달다(3)	63	덥다(2)	89	뒤집히다(2)		
12	닦다(4)	38	달다(4)	64	덥다(3)	90	듣다(1)		
13	닦다(5)	39	달래다	65	덮다(1)	91	듣다(2)		
14	닦다(6)	40	달리다(1)	66	덮다(2)	92	들다		
15	닦다(7)	41	달리다(2)	67	도망가다(1)	93	들다(1)		
16	닦다(8)	42	달리다(3)	68	도망가다(2)	94	들다(2)		
17	닦다(9)	43	달리다(4)	69	도망가다(3)	95	들다(3)		
18	닦다(10)	44	달리다(5)	70	도망가다(4)	96	들다(4)		
19	닦다(11)	45	달리다(6)	71	도망가다(5)	97	들다(5)		
20	닦다(12)	46	담그다	72	돌다(1)	98	들다(6)		
21	닦다(13)	47	담다(1)	73	돌다(2)	99	들다(7)		
22	닦다(14)	48	담다(2)	74	돌다(3)	100	들다(8)		
23	닦다(15)	49	당기다(1)	75	돌다(4)	101	들다(9)		
24	닦다(16)	50	당기다(2)	76	돌다(5)	102	들리다		
25	닦이다(1)	51	더럽다(1)	77	돌리다(1)	103	들리다(1)		
26	닦이다(2)	52	더럽다(2)	78	돌리다(2)	104	들리다(2)		

ㄸ

#	단어	#	단어	#	단어
1	따갑다(1)	27	떨다(1)	53	뛰다(9)
2	따갑다(2)	28	떨다(2)	54	뛰다(10)
3	따갑다(3)	29	떨다(3)	55	뛰다(11)
4	따다(1)	30	떨다(4)	56	뛰다(12)
5	따다(2)	31	떨어지다(1)	57	뛰어들다(1)
6	따다(3)	32	떨어지다(2)	58	뛰어들다(2)
7	따다(4)	33	떨어지다(3)	59	뜨개질하다(1)
8	따다(1)	34	떨어지다(4)	60	뜨개질하다(2)
9	따다(2)	35	떨어지다(5)	61	뜨겁다(1)
10	따다(3)	36	떨어지다(6)	62	뜨겁다(2)
11	따뜻하다(1)	37	떨어지다(7)	63	뜨겁다(3)
12	따뜻하다(2)	38	떨어지다(8)	64	뜨겁다(4)
13	따뜻하다(3)	39	떼다(1)	65	뜨겁다(5)
14	따라가다(1)	40	떼다(2)	66	뜨다
15	따라가다(2)	41	떼다(3)	67	뜨다(1)
16	따르다(1)	42	뚫다(1)	68	뜨다(2)
17	따르다(2)	43	뚫다(2)	69	뜨다(1)
18	따르다(3)	44	뚱뚱하다	70	뜨다(2)
19	땀나다(1)	45	뛰다(1)		
20	땀나다(2)	46	뛰다(2)		
21	땀나다(3)	47	뛰다(3)		
22	땋다	48	뛰다(4)		
23	때리다(1)	49	뛰다(5)		
24	때리다(2)	50	뛰다(6)		
25	때 밀다(1)	51	뛰다(7)		
26	때 밀다(2)	52	뛰다(8)		

ㅁ

#	단어	#	단어	#	단어	#	단어	#	단어	#	단어
1	마렵다	27	많다	53	맵다(1)	79	먹다(24)	105	목욕하다(2)	131	물다(3)
2	마르다	28	말다	54	맵다(2)	80	먹다(25)	106	목욕하다(3)	132	물다(4)
3	마르다	29	말리다(1)	55	맵다(3)	81	먹다(26)	107	목욕하다(4)	133	물다(5)
4	마르다	30	말리다(2)	56	먹다(1)	82	먹이다(1)	108	목욕하다(5)	134	물다(6)
5	마시다(1)	31	말리다	57	먹다(2)	83	먹이다(2)	109	무겁다(1)	135	물다(7)
6	마시다(2)	32	말하다(1)	58	먹다(3)	84	먹이다(3)	110	무겁다(2)	136	미끄러지다(1)
7	마시다(3)	33	말하다(2)	59	먹다(4)	85	먹이다(4)	111	무너뜨리다	137	미끄러지다(2)
8	마시다(4)	34	말하다(3)	60	먹다(5)	86	먹히다	112	무너지다	138	밀다(1)
9	마시다(5)	35	맑다(1)	61	먹다(6)	87	멀다	113	무섭다(1)	139	밀다(2)
10	마시다(6)	36	맑다(2)	62	먹다(7)	88	멈추다(1)	114	무섭다(2)	140	밀다(3)
11	막다(1)	37	맛보다	63	먹다(8)	89	멈추다(2)	115	무섭다(3)	141	밀다(4)
12	막다(2)	38	맛없다	64	먹다(9)	90	멈추다(3)	116	묶다(1)	142	밀다(5)
13	막다(3)	39	맛있다	65	먹다(10)	91	멈추다(4)	117	묶다(2)	143	밀다(6)
14	막다(4)	40	맞다(1)	66	먹다(11)	92	메다(1)	118	묶다(3)	144	밀다(7)
15	막다(5)	41	맞다(2)	67	먹다(12)	93	메다(2)	119	묶다(4)	145	밀다(8)
16	막히다	42	맞다(3)	68	먹다(13)	94	메다(3)	120	묶다(5)	146	밀다(9)
17	만나다	43	맞다	69	먹다(14)	95	면도하다(1)	121	묶다(6)	147	밀다
18	만들다(1)	44	매다(1)	70	먹다(15)	96	면도하다(2)	122	묶이다(1)	148	밀다(1)
19	만들다(2)	45	매다(2)	71	먹다(16)	97	모으다	123	묶이다(2)	149	밀다(2)
20	만들다(3)	46	매다(3)	72	먹다(17)	98	모이다(1)	124	묻다(1)	[그림 6-1]	먹다
21	만들다(4)	47	매다(4)	73	먹다(18)	99	모이다(2)	125	묻다(2)	[그림 6-2]	먹다
22	만들다(5)	48	매다(5)	74	먹다(19)	100	목마르다	126	묻다		
23	만들다(6)	49	매달리다(1)	75	먹다(20)	101	목욕시키다(1)	127	묻히다		
24	만들다(7)	50	매달리다(2)	76	먹다(21)	102	목욕시키다(2)	128	물구나무서다		
25	만들다(8)	51	매달리다(3)	77	먹다(22)	103	목욕시키다(3)	129	물다(1)		
26	만들다(9)	52	매달리다(4)	78	먹다(23)	104	목욕하다(1)	130	물다(2)		

동사의 목록

ㅂ

#		#		#		#		#		#	
1	바꾸다	27	밝다(1)	53	벗기다(2)	79	보다(7)	105	부르다(3)	131	붓다(1)
2	바르다(1)	28	밝다(2)	54	벗기다(3)	80	보다(8)	106	부서지다(1)	132	붓다(2)
3	바르다(2)	29	밟다(1)	55	벗기다(4)	81	보다(9)	107	부서지다(2)	133	붙다
4	바르다(3)	30	밟다(2)	56	벗다(1)	82	보다(10)	108	부서지다(3)	134	붙이다(1)
5	바르다(4)	31	밟다(3)	57	벗다(2)	83	보다(11)	109	부수다(1)	135	붙이다(2)
6	바르다(5)	32	배고프다(1)	58	벗다(3)	84	볼링 치다(1)	110	부수다(2)	136	붙이다(3)
7	바르다(6)	33	배고프다(2)	59	벗다(4)	85	볼링 치다(2)	111	부수다(3)	137	붙이다(4)
8	바르다(7)	34	배고프다(3)	60	벗다(5)	86	부끄럽다	112	부자이다(1)	138	붙이다
9	박다(1)	35	배구 하다	61	벗다(6)	87	부드럽다(1)	113	부자이다(2)	139	비다(1)
10	박다(2)	36	배달하다(1)	62	벗다(7)	88	부드럽다(2)	114	부지런하다	140	비다(2)
11	박수치다(1)	37	배달하다(2)	63	벗다(8)	89	부드럽다(3)	115	부치다	141	비다(3)
12	박수치다(2)	38	배드민턴 치다	64	벗다(9)	90	부딪치다(1)	116	불 끄다(1)	142	비 오다
13	박수치다(3)	39	배부르다	65	벗어지다(1)	91	부딪치다(2)	117	불 끄다(2)	143	비추다
14	박수치다(4)	40	배우다(1)	66	벗어지다(2)	92	부딪치다(3)	118	불나다(1)	144	비치다
15	박수치다(5)	41	배우다(2)	67	베다(1)	93	부딪치다(4)	119	불나다(2)	145	빌다
16	반죽하다	42	뱉다(1)	68	베다(2)	94	부딪치다(5)	120	불다(1)	146	빌리다
17	반짝이다(1)	43	뱉다(2)	69	베다(1)	95	부딪치다(6)	121	불다(2)	147	빗기다(1)
18	반짝이다(2)	44	뱉다(3)	70	베다(2)	96	부딪치다(7)	122	불다(3)	148	빗기다(2)
19	받다(1)	45	버리다(1)	71	베이다(1)	97	부러뜨리다	123	불다(4)	149	빗다(1)
20	받다(2)	46	버리다(2)	72	베이다(2)	98	부러지다(1)	124	불다(5)	150	빗다(2)
21	받다(3)	47	버리다(3)	73	보다(1)	99	부러지다(2)	125	불다(6)	151	빛나다(1)
22	받다(4)	48	벌리다(1)	74	보다(2)	100	부러지다(3)	126	불다(7)	152	빛나다(2)
23	받다(5)	49	벌리다(2)	75	보다(3)	101	부러지다(4)	127	불다(8)		
24	받다(6)	50	벌리다(3)	76	보다(4)	102	부러지다(5)	128	불다(9)		
25	받다(7)	51	벌리다(4)	77	보다(5)	103	부르다(1)	129	불다		
26	받다(8)	52	벗기다(1)	78	보다(6)	104	부르다(2)	130	붓다		

ㅃ

#		#	
1	빠르다	27	뿌리다(1)
2	빠지다(1)	28	뿌리다(2)
3	빠지다(2)	29	뿌리다(3)
4	빠지다	30	뿌리다(4)
5	빨다(1)	31	삐치다(1)
6	빨다(2)	32	삐치다(2)
7	빨다(3)		
8	빨다(4)		
9	빨다(1)		
10	빨다(2)		
11	빼다(1)		
12	빼다(2)		
13	빼다(3)		
14	뺏기다(1)		
15	뺏기다(2)		
16	뺏다(1)		
17	뺏다(2)		
18	뽀뽀하다(1)		
19	뽀뽀하다(2)		
20	뽀뽀하다(3)		
21	뽀뽀하다(4)		
22	뽑다(1)		
23	뽑다(2)		
24	뽑다(3)		
25	뽑다(4)		
26	뽑다(5)		

용언 활용의 예

	기본형/현재형		과거형		미래/추측/관형사형		관형사형		나열형	대립대조형	이유원인형		조건형	목적형	선택형	활용
	다	요	았다/었다	았어요/었어요	ㄹ 것이다	ㄹ 거예요	ㄴ/(으)ㄴ	는	고	는데/(으)ㄴ데	아서/어서	(으)니까	(으)면	(으)러	거나	
1	가깝다	가까워요	가까웠다	가까웠어요	가까울 것이다	가까울 거예요	가까운		가깝고	가까운데	가까워서	가까우니까	가까우면		가깝거나	ㅂ 불규칙
2	가난하다	가난해요	가난했다	가난했어요	가난할 것이다	가난할 거예요	가난한		가난하고	가난한데	가난해서	가난하니까	가난하면		가난하거나	ㅓ 불규칙
3	가다	가요	갔다	갔어요	갈 것이다	갈 거예요	간	가는	가고	가는데	가서	가니까	가면	가러	가거나	
4	가라앉다	가라앉아요	가라앉았다	가라앉았어요	가라앉을 것이다	가라앉을 거예요	가라앉은	가라앉는	가라앉고	가라앉는데	가라앉아서	가라앉으니까	가라앉으면	가라앉으러	가라앉거나	
5	가라앉히다	가라앉혀요	가라앉혔다	가라앉혔어요	가라앉힐 것이다	가라앉힐 거예요	가라앉힌	가라앉히는	가라앉히고	가라앉히는데	가라앉혀서	가라앉히니까	가라앉히면	가라앉히러	가라앉히거나	
6	가렵다	가려워요	가려웠다	가려웠어요	가려울 것이다	가려울 거예요	가려운		가렵고	가려운데	가려워서	가려우니까	가려우면		가렵거나	ㅂ 불규칙
7	가르치다	가르쳐요	가르쳤다	가르쳤어요	가르칠 것이다	가르칠 거예요	가르친	가르치는	가르치고	가르치는데	가르쳐서	가르치니까	가르치면	가르치러	가르치거나	
8	가리키다	가리켜요	가리켰다	가리켰어요	가리킬 것이다	가리킬 거예요	가리킨	가리키는	가리키고	가리키는데	가리켜서	가리키니까	가리키면	가리키러	가리키거나	
9	가볍다	가벼워요	가벼웠다	가벼웠어요	가벼울 것이다	가벼울 거예요	가벼운		가볍고	가벼운데	가벼워서	가벼우니까	가벼우면		가볍거나	ㅂ 불규칙
10	간지럽다	간지러워요	간지러웠다	간지러웠어요	간지러울 것이다	간지러울 거예요	간지러운		간지럽고	간지러운데	간지러워서	간지러우니까	간지러우면		간지럽거나	ㅂ 불규칙
11	갈다	갈아요	갈았다	갈았어요	갈 것이다	갈 거예요	간	가는	갈고	가는데	갈아서	가니까	갈면	갈러	갈거나	ㄹ 탈락 규칙
12	갈아입다	갈아입어요	갈아입었다	갈아입었어요	갈아입을 것이다	갈아입을 거예요	갈아입은	갈아입는	갈아입고	갈아입는데	갈아입어서	갈아입으니까	갈아입으면	갈아입으러	갈아입거나	
13	감기다	감겨요	감겼다	감겼어요	감길 것이다	감길 거예요	감긴	감기는	감기고	감기는데	감겨서	감기니까	감기면	감기러	감기거나	
14	감다1	감아요	감았다	감았어요	감을 것이다	감을 거예요	감은	감는	감고	감는데	감아서	감으니까	감으면	감으러	감거나	
15	감다2	감아요	감았다	감았어요	감을 것이다	감을 거예요	감은	감는	감고	감는데	감아서	감으니까	감으면	감으러	감거나	
16	감다3	감아요	감았다	감았어요	감을 것이다	감을 거예요	감은	감는	감고	감는데	감아서	감으니까	감으면	감으러	감거나	
17	같다	같아요	같았다	같았어요	같을 것이다	같을 거예요	같은		같고	같은데	같아서	같으니까	같으면		같거나	
18	개다	개요	갰다	갰어요	갤 것이다	갤 거예요	갠	개는	개고	개는데	개서	개니까	개면	개러	개거나	
19	건너다	건너요	건넜다	건넜어요	건널 것이다	건널 거예요	건넌	건너는	건너고	건너는데	건너서	건너니까	건너면		건너거나	
20	걷다1	걷어요	걷었다	걷었어요	걷을 것이다	걷을 거예요	걷은	걷는	걷고	걷는데	걷어서	걷으니까	걷으면	걷으러	걷거나	
21	걷다2	걸어요	걸었다	걸었어요	걸을 것이다	걸을 거예요	걸은	걷는	걷고	걷는데	걸어서	걸으니까	걸으면	걸으러	걷거나	ㄷ 불규칙
22	걸다1	걸어요	걸었다	걸었어요	걸 것이다	걸 거예요	건	거는	걸고	거는데	걸어서	걸으니까	걸으면	걸으러	걸거나	ㄹ 탈락 규칙
23	걸다2	걸어요	걸었다	걸었어요	걸 것이다	걸 거예요	건	거는	걸고	거는데	걸어서	걸으니까	걸으면	걸으러	걸거나	ㄹ 탈락 규칙
24	걸레질하다	걸레질해요	걸레질했다	걸레질했어요	걸레질할 것이다	걸레질할 거예요	걸레질한	걸레질하는	걸레질하고	걸레질하는데	걸레질해서	걸레질하니까	걸레질하면	걸레질하러	걸레질하거나	ㅓ 불규칙
25	걸리다	걸려요	걸렸다	걸렸어요	걸릴 것이다	걸릴 거예요	걸린	걸리는	걸리고	걸리는데	걸려서	걸리니까	걸리면	걸리러	걸리거나	
26	게으르다	게을러요	게을렀다	게을렀어요	게으를 것이다	게으를 거예요	게으른		게으르고	게으른데	게을러서	게으르니까	게으르면		게으르거나	르 불규칙

	기본형/현재형		과거형		미래/추측/관형사형		관형사형		나열형	대립대조형	이유원인형		조건형	목적형	선택형	활용
	다	요	았다/었다	았어요/었어요	ㄹ 것이다	ㄹ 거예요	ㄴ/(으)ㄴ	는	고	는데/(으)ㄴ데	아서/어서	(으)니까	(으)면	(으)러	거나	
27	게임 하다	게임 해요	게임 했다	게임 했어요	게임 할 것이다	게임 할 거예요	게임 한	게임 하는	게임 하고	게임 하는데	게임 해서	게임 하니까	게임 하면	게임 하러	게임 하거나	ㅕ 불규칙
28	결석하다	결석해요	결석했다	결석했어요	결석할 것이다	결석할 거예요	결석한	결석하는	결석하고	결석하는데	결석해서	결석하니까	결석하면	결석하러	결석하거나	ㅕ 불규칙
29	결혼하다	결혼해요	결혼했다	결혼했어요	결혼할 것이다	결혼할 거예요	결혼한	결혼하는	결혼하고	결혼하는데	결혼해서	결혼하니까	결혼하면	결혼하러	결혼하거나	ㅕ 불규칙
30	겹치다	겹쳐요	겹쳤다	겹쳤어요	겹칠 것이다	겹칠 거예요	겹친	겹치는	겹치고	겹치는데	겹쳐서	겹치니까	겹치면		겹치거나	
31	계산하다	계산해요	계산했다	계산했어요	계산할 것이다	계산할 거예요	계산한	계산하는	계산하고	계산하는데	계산해서	계산하니까	계산하면	계산하러	계산하거나	ㅕ 불규칙
32	고르다	골라요	골랐다	골랐어요	고를 것이다	고를 거예요	고른	고르는	고르고	고르는데	골라서	고르니까	고르면	고르러	고르거나	르 불규칙
33	고장 나다	고장 나요	고장 났다	고장 났어요	고장 날 것이다	고장 날 거예요	고장 난	고장 나는	고장 나고	고장 나는데	고장 나서	고장 나니까	고장 나면'		고장 나거나	
34	고치다	고쳐요	고쳤다	고쳤어요	고칠 것이다	고칠 거예요	고친	고치는	고치고	고치는데	고쳐서	고치니까	고치면	고치러	고치거나	
35	곧다	곧아요	곧았다	곧았어요	곧을 것이다	곧을 거예요	곧은		곧고	곧은데	곧아서	곧으니까	곧으면		곧거나	
36	골프 치다	골프 쳐요	골프 쳤다	골프 쳤어요	골프 칠 것이다	골프 칠 거예요	골프 친	골프 치는	골프 치고	골프 치는데	골프 쳐서	골프 치니까	골프 치면	골프 치러	골프 치거나	
37	공부시키다	공부시켜요	공부시켰다	공부시켰어요	공부시킬 것이다	공부시킬 거예요	공부시킨	공부시키는	공부시키고	공부시키는데	공부시켜서	공부시키니까	공부시키면	공부시키러	공부시키거나	
38	공부하다	공부해요	공부했다	공부했어요	공부할 것이다	공부할 거예요	공부한	공부하는	공부하고	공부하는데	공부해서	공부하니까	공부하면	공부하러	공부하거나	ㅕ 불규칙
39	교통정리 하다	교통정리 해요	교통정리 했다	교통정리 했어요	교통정리 할 것이다	교통정리 할 거예요	교통정리 한	교통정리 하는	교통정리 하고	교통정리 하는데	교통정리 해서	교통정리 하니까	교통정리 하면	교통정리 하러	교통정리 하거나	ㅕ 불규칙
40	구르다	굴러요	굴렀다	굴렀어요	구를 것이다	구를 거예요	구른	구르는	구르고	구르는데	굴러서	구르니까	구르면	구르러	구르거나	르 불규칙
41	구부리다	구부려요	구부렸다	구부렸어요	구부릴 것이다	구부릴 거예요	구부린	구부리는	구부리고	구부리는데	구부려서	구부리니까	구부리면	구부리러	구부리거나	
42	구하다	구해요	구했다	구했어요	구할 것이다	구할 거예요	구한	구하는	구하고	구하는데	구해서	구하니까	구하면	구하러	구하거나	ㅕ 불규칙
43	굴리다	굴려요	굴렸다	굴렸어요	굴릴 것이다	굴릴 거예요	굴린	굴리는	굴리고	굴리는데	굴려서	굴리니까	굴리면	굴리러	굴리거나	
44	굽다	구워요	구웠다	구웠어요	구울 것이다	구울 거예요	구운	굽는	굽고	굽는데	구워서	구우니까	구우면	구우러	굽거나	ㅂ 불규칙
45	권투 하다	권투 해요	권투 했다	권투 했어요	권투 할 것이다	권투 할 거예요	권투 한	권투 하는	권투 하고	권투 하는데	권투 해서	권투 하니까	권투 하면	권투 하러	권투 하거나	ㅕ 불규칙
46	그리다	그려요	그렸다	그렸어요	그릴 것이다	그릴 거예요	그린	그리는	그리고	그리는데	그려서	그리니까	그리면	그리러	그리거나	
47	긁다	긁어요	긁었다	긁었어요	긁을 것이다	긁을 거예요	긁은	긁는	긁고	긁는데	긁어서	긁으니까	긁으면	긁으러	긁거나	
48	긁히다	긁혀요	긁혔다	긁혔어요	긁힐 것이다	긁힐 거예요	긁힌	긁히는	긁히고	긁히는데	긁혀서	긁히니까	긁히면	긁히러	긁히거나	
49	긋다	그어요	그었다	그었어요	그을 것이다	그을 거예요	그은	긋는	긋고	긋는데	그어서	그으니까	그으면	그으러	긋거나	ㅅ 불규칙
50	기다	기어요	기었다	기었어요	길 것이다	길 거예요	긴	기는	기고	기는데	기어서	기니까	기면	기러	기거나	
51	기다리다	기다려요	기다렸다	기다렸어요	기다릴 것이다	기다릴 거예요	기다린	기다리는	기다리고	기다리는데	기다려서	기다리니까	기다리면	기다리러	기다리거나	
52	기대다	기대요	기댔다	기댔어요	기댈 것이다	기댈 거예요	기댄	기대는	기대고	기대는데	기대서	기대니까	기대면	기대러	기대거나	

용언 활용의 예

	기본형/현재형		과거형		미래/추측/관형사형		관형사형		나열형	대립대조형	이유원인형		조건형	목적형	선택형	활용
	다	요	았다/었다	았어요/었어요	ㄹ 것이다	ㄹ 거예요	ㄴ/(으)ㄴ	는	고	는데/(으)ㄴ데	아서/어서	(으)니까	(으)면	(으)러	거나	
53	기도하다	기도해요	기도했다	기도했어요	기도할 것이다	기도할 거예요	기도한	기도하는	기도하고	기도하는데	기도해서	기도하니까	기도하면	기도하러	기도하거나	ㅕ 불규칙
54	기침하다	기침해요	기침했다	기침했어요	기침할 것이다	기침할 거예요	기침한	기침하는	기침하고	기침하는데	기침해서	기침하니까	기침하면	기침하러	기침하거나	ㅕ 불규칙
55	길다	길어요	길었다	길었어요	길 것이다	길 거예요	긴		길고	긴데	길어서	기니까	길면		길거나	ㄹ 탈락 규칙
56	깁스하다	깁스해요	깁스했다	깁스했어요	깁스할 것이다	깁스할 거예요	깁스한	깁스하는	깁스하고	깁스하는데	깁스해서	깁스하니까	깁스하면	깁스하러	깁스하거나	ㅕ 불규칙
57	깊다	깊어요	깊었다	깊었어요	깊을 것이다	깊을 거예요	깊은		깊고	깊은데	깊어서	깊으니까	깊으면		깊거나	

용언 활용의 예

	기본형/현재형		과거형		미래/추측/관형사형		관형사형		나열형	대립대조형	이유원인형		조건형	목적형	선택형	활용
	다	요	았다/었다	았어요/었어요	ㄹ 것이다	ㄹ 거예요	ㄴ/(으)ㄴ	는	고	는데/(으)ㄴ데	아서/어서	(으)니까	(으)면	(으)러	거나	
1	까다1	까요	깠다	깠어요	깔 것이다	깔 거예요	깐	까는	까고	까는데	까서	까니까	까면	까러	까거나	
2	까다2	까요	깠다	깠어요	깔 것이다	깔 거예요	깐	까는	까고	까는데	까서	까니까	까면	까러	까거나	
3	깎다	깎아요	깎았다	깎았어요	깎을 것이다	깎을 거예요	깎은	깎는	깎고	깎는데	깎아서	깎으니까	깎으면	깎으러	깎거나	
4	깔다	깔아요	깔았다	깔았어요	깔 것이다	깔 거예요	깐	까는	깔고	까는데	깔아서	까니까	깔면	깔러	깔거나	ㄹ 탈락 규칙
5	깨끗하다	깨끗해요	깨끗했다	깨끗했어요	깨끗할 것이다	깨끗할 거예요	깨끗한		깨끗하고	깨끗한데	깨끗해서	깨끗하니까	깨끗하면		깨끗하거나	ㅕ 불규칙
6	깨다1	깨요	깼다	깼어요	깰 것이다	깰 거예요	깬	깨는	깨고	깨는데	깨서	깨니까	깨면	깨러	깨거나	
7	깨다2	깨요	깼다	깼어요	깰 것이다	깰 거예요	깬	깨는	깨고	깨는데	깨서	깨니까	깨면	깨러	깨거나	
8	깨물다	깨물어요	깨물었다	깨물었어요	깨물 것이다	깨물 거예요	깨문	깨무는	깨물고	깨무는데	깨물어서	깨무니까	깨물면	깨물러	깨물거나	ㄹ 탈락 규칙
9	깨우다	깨워요	깨웠다	깨웠어요	깨울 것이다	깨울 거예요	깨운	깨우는	깨우고	깨우는데	깨워서	깨우니까	깨우면	깨우러	깨우거나	
10	꺼내다	꺼내요	꺼냈다	꺼냈어요	꺼낼 것이다	꺼낼 거예요	꺼낸	꺼내는	꺼내고	꺼내는데	꺼내서	꺼내니까	꺼내면	꺼내러	꺼내거나	
11	꺾다	꺾어요	꺾었다	꺾었어요	꺾을 것이다	꺾을 거예요	꺾은	꺾는	꺾고	꺾는데	꺾어서	꺾으니까	꺾으면	꺾으러	꺾거나	
12	꼬집다	꼬집어요	꼬집었다	꼬집었어요	꼬집을 것이다	꼬집을 거예요	꼬집은	꼬집는	꼬집고	꼬집는데	꼬집어서	꼬집으니까	꼬집으면	꼬집으러	꼬집거나	
13	꽂다	꽂아요	꽂았다	꽂았어요	꽂을 것이다	꽂을 거예요	꽂은	꽂는	꽂고	꽂는데	꽂아서	꽂으니까	꽂으면	꽂으러	꽂거나	
14	꿈꾸다	꿈꿔요	꿈꿨다/꿈꾸었다	꿈꿨어요	꿈꿀 것이다	꿈꿀 거예요	꿈꾼	꿈꾸는	꿈꾸고	꿈꾸는데	꿈꿔서	꿈꾸니까	꿈꾸면	꿈꾸러	꿈꾸거나	
15	꿰다	꿰요	꿴다/꿰었다	꿰었어요	꿸 것이다	꿸 거예요	꿴	꿰는	꿰고	꿰는데	꿰어서	꿰니까	꿰면	꿰러	꿰거나	
16	꿰매다	꿰매요	꿰맸다/꿰매었다	꿰맸어요	꿰맬 것이다	꿰맬 거예요	꿰맨	꿰매는	꿰매고	꿰매는데	꿰매(어)서	꿰매니까	꿰매면	꿰매러	꿰매거나	
17	끄다	꺼요	껐다	껐어요	끌 것이다	끌 거예요	끈	끄는	끄고	끄는데	꺼서	끄니까	끄면	끄러	끄거나	ㅡ 탈락 규칙
18	끊다	끊어요	끊었다	끊었어요	끊을 것이다	끊을 거예요	끊은	끊는	끊고	끊는데	끊어서	끊으니까	끊으면	끊으러	끊거나	
19	끊어지다	끊어져요	끊어졌다	끊어졌어요	끊어질 것이다	끊어질 거예요	끊어진	끊어지는	끊어지고	끊어지는데	끊어져서	끊어지니까	끊어지면	끊어지러	끊어지거나	
20	끌다	끌어요	끌었다	끌었어요	끌 것이다	끌 거예요	끈	끄는	끌고	끄는데	끌어서	끄니까	끌면	끌러	끌거나	ㄹ 탈락 규칙
21	끌리다	끌려요	끌렸다	끌렸어요	끌릴 것이다	끌릴 거예요	끌린	끌리는	끌리고	끌리는데	끌려서	끌리니까	끌리면		끌리거나	
22	끓다	끓어요	끓었다	끓었어요	끓을 것이다	끓을 거예요	끓은	끓는	끓고	끓는데	끓어서	끓으니까	끓으면	끓으러	끓거나	
23	끼우다	끼워요	끼웠다	끼웠어요	끼울 것이다	끼울 거예요	끼운	끼우는	끼우고	끼우는데	끼워서	끼우니까	끼우면	끼우러	끼우거나	
24	끼이다1	끼여요	끼였다	끼였어요	끼일 것이다	끼일 거예요	끼인	끼이는	끼이고	끼이는데	끼여서	끼이니까	끼이면		끼이거나	
25	끼이다2	끼여요	끼였다	끼였어요	끼일 것이다	끼일 거예요	끼인	끼이는	끼이고	끼이는데	끼여서	끼이니까	끼이면		끼이거나	

ㄱ ㄲ ㄴ ㄷ ㄸ ㅁ ㅂ ㅃ ㅅ ㅆ ㅇ ㅈ ㅉ ㅊ ㅋ ㅌ ㅍ ㅎ

용언 활용의 예

	기본형/현재형		과거형		미래/추측/관형사형		관형사형		나열형	대립대조형	이유원인형		조건형	목적형	선택형	활용
	다	요	았다/었다	았어요/었어요	ㄹ 것이다	ㄹ 거예요	ㄴ/(으)ㄴ	는	고	는데/(으)ㄴ데	아서/어서	(으)니까	(으)면	(으)러	거나	
1	나누다	나눠요	나눴다	나눴어요	나눌 것이다	나눌 거예요	나눈	나누는	나누고	나누는데	나눠서	나누니까	나누면	나누러	나누거나	
2	나다	나요	났다	났어요	날 것이다	날 거예요	난	나는	나고	나는데	나서	나니까	나면		나거나	
3	나르다	날라요	날랐다	날랐어요	나를 것이다	나를 거예요	나른	나르는	나르고	나르는데	날라서	나르니까	나르면	나르러	나르거나	르 불규칙
4	나오다	나와요	나왔다	나왔어요	나올 것이다	나올 거예요	나온	나오는	나오고	나오는데	나와서	나오니까	나오면	나오러	나오거나	
5	낙서하다	낙서해요	낙서했다	낙서했어요	낙서할 것이다	낙서할 거예요	낙서한	낙서하는	낙서하고	낙서하는데	낙서해서	낙서하니까	낙서하면	낙서하러	낙서하거나	ㅕ 불규칙
6	낚시하다	낚시해요	낚시했다	낚시했어요	낚시할 것이다	낚시할 거예요	낚시한	낚시하는	낚시하고	낚시하는데	낚시해서	낚시하니까	낚시하면	낚시하러	낚시하거나	ㅕ 불규칙
7	날다	날아요	날았다	날았어요	날 것이다	날 거예요	난	나는	날고	나는데	날아서	나니까	날면	날러	날거나	ㄹ 탈락 규칙
8	날리다	날려요	날렸다	날렸어요	날릴 것이다	날릴 거예요	날린	날리는	날리고	날리는데	날려서	날리니까	날리면	날리러	날리거나	
9	남기다	남겨요	남겼다	남겼어요	남길 것이다	남길 거예요	남긴	남기는	남기고	남기는데	남겨서	남기니까	남기면	남기러	남기거나	
10	남다	남아요	남았다	남았어요	남을 것이다	남을거예요	남은	남는	남고	남는데	남아서	남으니까	남으면	남으러	남거나	
11	낮다	낮아요	낮았다	낮았어요	낮을 것이다	낮을 거예요	낮은		낮고	낮은데	낮아서	낮으니까	낮으면		낮거나	
12	낳다	낳아요	낳았다	낳았어요	낳을 것이다	낳을 거예요	낳은	낳는	낳고	낳는데	낳아서	낳으니까	낳으면	낳으러	낳거나	
13	내다	내요	냈다	냈어요	낼 것이다	낼 거예요	낸	내는	내고	내는데	내서	내니까	내면	내러	내거나	
14	내려가다	내려가요	내려갔다	내려갔어요	내려갈 것이다	내려갈 거예요	내려간	내려가는	내려가고	내려가는데	내려가서	내려가니까	내려가면	내려가러	내려가거나	
15	내리다1	내려요	내렸다	내렸어요	내릴 것이다	내릴 거예요	내린	내리는	내리고	내리는데	내려서	내리니까	내리면	내리러	내리거나	
16	내리다2	내려요	내렸다	내렸어요	내릴 것이다	내릴 거예요	내린	내리는	내리고	내리는데	내려서	내리니까	내리면	내리러	내리거나	
17	내리다3	내려요	내렸다	내렸어요	내릴 것이다	내릴 거예요	내린	내리는	내리고	내리는데	내려서	내리니까	내리면		내리거나	
18	내밀다	내밀어요	내밀었다	내밀었어요	내밀 것이다	내밀 거예요	내민	내미는	내밀고	내미는데	내밀어서	내미니까	내밀면	내밀러	내밀거나	ㄹ 탈락 규칙
19	냄새나다	냄새나요	냄새났다	냄새났어요	냄새날 것이다	냄새날 거예요	냄새난	냄새나는	냄새나고	냄새나는데	냄새나서	냄새나니까	냄새나면		냄새나거나	
20	널다	널어요	널었다	널었어요	널 것이다	널 거예요	넌	너는	널고	너는데	널어서	너니까	널면	널러	널거나	ㄹ 탈락 규칙
21	넓다	넓어요	넓었다	넓었어요	넓을 것이다	넓을 거예요	넓은		넓고	넓은데	넓어서	넓으니까	넓으면		넓거나	
22	넘기다	넘겨요	넘겼다	넘겼어요	넘길 것이다	넘길 거예요	넘긴	넘기는	넘기고	넘기는데	넘겨서	넘기니까	넘기면	넘기러	넘기거나	
23	넘다	넘어요	넘었다	넘었어요	넘을 것이다	넘을 거예요	넘은	넘는	넘고	넘는데	넘어서	넘으니까	넘으면	넘으러	넘거나	
24	넘어지다	넘어져요	넘어졌다	넘어졌어요	넘어질 것이다	넘어질 거예요	넘어진	넘어지는	넘어지고	넘어지는데	넘어져서	넘어지니까	넘어지면	넘어지러	넘어지거나	
25	넘치다	넘쳐요	넘쳤다	넘쳤어요	넘칠 것이다	넘칠 거예요	넘친	넘치는	넘치고	넘치는데	넘쳐서	넘치니까	넘치면		넘치거나	
26	넣다	넣어요	넣었다	넣었어요	넣을 것이다	넣을 거예요	넣은	넣는	넣고	넣는데	넣어서	넣으니까	넣으면	넣으러	넣거나	

용언 활용의 예

	기본형/현재형		과거형		미래/추측/관형사형		관형사형		나열형	대립대조형	이유원인형		조건형	목적형	선택형	활용
	다	요	았다/었다	았어요/었어요	ㄹ 것이다	ㄹ 거예요	ㄴ/(으)ㄴ	는	고	는데/(으)ㄴ데	아서/어서	(으)니까	(으)면	(으)려	거나	
27	노래하다	노래해요	노래했다	노래했어요	노래할 것이다	노래할 거예요	노래한	노래하는	노래하고	노래하는데	노래해서	노래하니까	노래하면	노래하러	노래하거나	ㅕ 불규칙
28	녹다	녹아요	녹았다	녹았어요	녹을 것이다	녹을 거예요	녹은	녹는	녹고	녹는데	녹아서	녹으니까	녹으면	녹으러	녹거나	
29	놀다	놀아요	놀았다	놀았어요	놀 것이다	놀 거예요	논	노는	놀고	노는데	놀아서	노니까	놀면	놀러	놀거나	ㄹ 탈락 규칙
30	놀라다	놀라요	놀랐다	놀랐어요	놀랄 것이다	놀랄 거예요	놀란	놀라는	놀라고	놀라는데	놀라서	놀라니까	놀라면	놀라러	놀라거나	
31	놀래다	놀래요	놀랬다	놀랬어요	놀랠 것이다	놀랠 거예요	놀랜	놀래는	놀래고	놀래는데	놀래서	놀래니까	놀래면	놀래러	놀래거나	
32	놀리다	놀려요	놀렸다	놀렸어요	놀릴 것이다	놀릴 거예요	놀린	놀리는	놀리고	놀리는데	놀려서	놀리니까	놀리면	놀리러	놀리거나	
33	농구 하다	농구 해요	농구 했다	농구 했어요	농구 할 것이다	농구 할 거예요	농구 한	농구 하는	농구 하고	농구 하는데	농구 해서	농구 하니까	농구 하면	농구 하러	농구 하거나	ㅕ 불규칙
34	높다	높아요	높았다	높았어요	높을 것이다	높을 거예요	높은		높고	높은데	높아서	높으니까	높으면		높거나	
35	놓다	놓아요	놓았다	놓았어요	놓을 것이다	놓을 거예요	놓은	놓는	놓고	놓는데	놓아서	놓으니까	놓으면	놓으러	놓거나	
36	놓치다	놓쳐요	놓쳤다	놓쳤어요	놓칠 것이다	놓칠 거예요	놓친	놓치는	놓치고	놓치는데	놓쳐서	놓치니까	놓치면	놓치러	놓치거나	
37	누다	누어요/눠요	누었다/눴다	누었어요/눴어요	눌 것이다	눌 거예요	눈	누는	누고	누는데	누어서/눠서	누니까	누면	누러	누거나	
38	누르다	눌러요	눌렀다	눌렀어요	누를 것이다	누를 거예요	누른	누르는	누르고	누르는데	눌러서	누르니까	누르면	누르러	누르거나	르 불규칙
39	눈싸움하다	눈싸움해요	눈싸움했다	눈싸움했어요	눈싸움할 것이다	눈싸움할 거예요	눈싸움한	눈싸움하는	눈싸움하고	눈싸움하는데	눈싸움해서	눈싸움하니까	눈싸움하면	눈싸움하러	눈싸움하거나	ㅕ 불규칙
40	눕다	누워요	누웠다	누웠어요	누울 것이다	누울 거예요	누운	눕는	눕고	눕는데	누워서	누우니까	누우면	누우러	눕거나	ㅂ 불규칙
41	눕히다	눕혀요	눕혔다	눕혔어요	눕힐 것이다	눕힐 거예요	눕힌	눕히는	눕히고	눕히는데	눕혀서	눕히니까	눕히면	눕히러	눕히거나	
42	느리다	느려요	느렸다	느렸어요	느릴 것이다	느릴 거예요	느린		느리고	느린데	느려서	느리니까	느리면		느리거나	
43	늙다	늙어요	늙었다	늙었어요	늙을 것이다	늙을 거예요	늙은	늙는	늙고	늙는데	늙어서	늙으니까	늙으면		늙거나	

용언 활용의 예

	기본형/현재형		과거형		미래/추측/관형사형		관형사형		나열형	대립대조형	이유원인형		조건형	목적형	선택형	활용
	다	요	있다/었다	았어요/었어요	ㄹ 것이다	ㄹ 거예요	ㄴ/(으)ㄴ	는	고	는데/(으)ㄴ데	아서/어서	(으)니까	(으)면	(으)러	거나	
1	다르다	달라요	달랐다	달랐어요	다를 것이다	다를 거예요	다른		다르고	다른데	달라서	다르니까	다르면		다르거나	ㄹ 불규칙
2	다리다	다려요	다렸다	다렸어요	다릴 것이다	다릴 거예요	다린	다리는	다리고	다리는데	다려서	다리니까	다리면	다리러	다리거나	
3	다치다	다쳐요	다쳤다	다쳤어요	다칠 것이다	다칠 거예요	다친	다치는	다치고	다치는데	다쳐서	다치니까	다치면	다치러	다치거나	
4	닦다	닦아요	닦았다	닦았어요	닦을 것이다	닦을 거예요	닦은	닦는	닦고	닦는데	닦아서	닦으니까	닦으면	닦으러	닦거나	
5	닦이다	닦여요	닦였다	닦였어요	닦일 것이다	닦일 거예요	닦인	닦이는	닦이고	닦이는데	닦여서	닦이니까	닦이면	닦이러	닦이거나	
6	닫다	닫아요	닫았다	닫았어요	닫을 것이다	닫을 거예요	닫은	닫는	닫고	닫는데	닫아서	닫으니까	닫으면	닫으러	닫거나	
7	닫히다	닫혀요	닫혔다	닫혔어요	닫힐 것이다	닫힐 거예요	닫힌	닫히는	닫히고	닫히는데	닫혀서	닫히니까	닫히면		닫히거나	
8	달다1	달아요	달았다	달았어요	달 것이다	달 거예요	단		달고	단데	달아서	다니까	달면		달거나	ㄹ 탈락 규칙
9	달다2	달아요	달았다	달았어요	달 것이다	달 거예요	단	다는	달고	다는데	달아서	다니까	달면	달러	달거나	ㄹ 탈락 규칙
10	달래다	달래요	달랬다	달랬어요	달랠 것이다	달랠 거예요	달랜	달래는	달래고	달래는데	달래서	달래니까	달래면	달래러	달래거나	
11	달리다	달려요	달렸다	달렸어요	달릴 것이다	달릴 거예요	달린	달리는	달리고	달리는데	달려서	달리니까	달리면	달리러	달리거나	
12	담그다	담가요	담갔다	담갔어요	담글 것이다	담글 거예요	담근	담그는	담그고	담그는데	담가서	담그니까	담그면	담그러	담그거나	ㅡ 탈락 규칙
13	담다	담아요	담았다	담았어요	담을 것이다	담을 거예요	담은	담는	담고	담는데	담아서	담으니까	담으면	담으러	담거나	
14	당기다	당겨요	당겼다	당겼어요	당길 것이다	당길 거예요	당긴	당기는	당기고	당기는데	당겨서	당기니까	당기면	당기러	당기거나	
15	더럽다	더러워요	더러웠다	더러웠어요	더러울 것이다	더러울 거예요	더러운		더럽고	더러운데	더러워서	더러우니까	더러우면		더럽거나	ㅂ 불규칙
16	더럽히다	더럽혀요	더럽혔다	더럽혔어요	더럽힐 것이다	더럽힐 거예요	더럽힌	더럽히는	더럽히고	더럽히는데	더럽혀서	더럽히니까	더럽히면	더럽히러	더럽히거나	
17	던지다	던져요	던졌다	던졌어요	던질 것이다	던질 거예요	던진	던지는	던지고	던지는데	던져서	던지니까	던지면	던지러	던지거나	
18	덥다	더워요	더웠다	더웠어요	더울 것이다	더울 거예요	더운		덥고	더운데	더워서	더우니까	더우면		덥거나	ㅂ 불규칙
19	덮다	덮어요	덮었다	덮었어요	덮을 것이다	덮을 거예요	덮은	덮는	덮고	덮는데	덮어서	덮으니까	덮으면	덮으러	덮거나	
20	도망가다	도망가요	도망갔다	도망갔어요	도망갈 것이다	도망갈 거예요	도망간	도망가는	도망가고	도망가는데	도망가서	도망가니까	도망가면		도망가거나	
21	돌다	돌아요	돌았다	돌았어요	돌 것이다	돌 거예요	돈	도는	돌고	도는데	돌아서	도니까	돌면		돌거나	ㄹ 탈락 규칙
22	돌리다	돌려요	돌렸다	돌렸어요	돌릴 것이다	돌릴 거예요	돌린	돌리는	돌리고	돌리는데	돌려서	돌리니까	돌리면	돌리러	돌리거나	
23	돕다	도와요	도왔다	도왔어요	도울 것이다	도울 거예요	도운	돕는	돕고	돕는데	도와서	도우니까	도우면	도우러	돕거나	ㅂ 불규칙
24	두껍다	두꺼워요	두꺼웠다	두꺼웠어요	두꺼울 것이다	두꺼울 거예요	두꺼운		두껍고	두꺼운데	두꺼워서	두꺼우니까	두꺼우면		두껍거나	ㅂ 불규칙
25	두드리다	두드려요	두드렸다	두드렸어요	두드릴 것이다	두드릴 거예요	두드린	두드리는	두드리고	두드리는데	두드려서	두드리니까	두드리면	두드리러	두드리거나	
26	두르다	둘러요	둘렀다	둘렀어요	두를 것이다	두를 거예요	두른	두르는	두르고	두르는데	둘러서	두르니까	두르면	두르러	두르거나	ㄹ 불규칙

용언 활용의 예

	기본형/현재형		과거형		미래/추측/관형사형		관형사형		나열형	대립대조형	이유원인형		조건형	목적형	선택형	활용
	다	요	았다/었다	았어요/었어요	ㄹ 것이다	ㄹ 거예요	ㄴ/(으)ㄴ	는	고	는데/(으)ㄴ데	아서/어서	(으)니까	(으)면	(으)러	거나	
27	뒤집다	뒤집어요	뒤집었다	뒤집었어요	뒤집을 것이다	뒤집을 거예요	뒤집은	뒤집는	뒤집고	뒤집는데	뒤집어서	뒤집으니까	뒤집으면	뒤집으러	뒤집거나	
28	뒤집히다	뒤집혀요	뒤집혔다	뒤집혔어요	뒤집힐 것이다	뒤집힐 거예요	뒤집힌	뒤집히는	뒤집히고	뒤집히는데	뒤집혀서	뒤집히니까	뒤집히면	뒤집히러	뒤집히거나	
29	듣다	들어요	들었다	들었어요	들을 것이다	들을 거예요	들은	듣는	듣고	듣는데	들어서	들으니까	들으면	들으러	듣거나	ㄷ 불규칙
30	들다1	들어요	들었다	들었어요	들 것이다	들 거예요	든	드는	들고	드는데	들어서	드니까	들면	들러	들거나	ㄹ 탈락 규칙
31	들다2	들어요	들었다	들었어요	들 것이다	들 거예요	든	드는	들고	드는데	들어서	드니까	들면	들러	들거나	ㄹ 탈락 규칙
32	들리다1	들려요	들렸다	들렸어요	들릴 것이다	들릴 거예요	들린	들리는	들리고	들리는데	들려서	들리니까	들리면	들리러	들리거나	
33	들리다2	들려요	들렸다	들렸어요	들릴 것이다	들릴 거예요	들린	들리는	들리고	들리는데	들려서	들리니까	들리면		들리거나	
34	들어가다	들어가요	들어갔다	들어갔어요	들어갈 것이다	들어갈 거예요	들어간	들어가는	들어가고	들어가는데	들어가서	들어가니까	들어가면	들어가러	들어가거나	

	기본형/현재형		과거형		미래/추측/관형사형		관형사형		나열형	대립대조형	이유원인형		조건형	목적형	선택형	활용
	다	요	았다/었다	았어요/었어요	ㄹ 것이다	ㄹ 거예요	ㄴ/(으)ㄴ	는	고	는데/(으)ㄴ데	아서/어서	(으)니까	(으)면	(으)러	거나	
1	따갑다	따갑다	따가웠다	따가웠어요	따가울 것이다	따가울 거예요	따가운		따갑고	따가운데	따가워서	따가우니까	따가우면		따갑거나	ㅂ 불규칙
2	따다1	따요	땄다	땄어요	딸 것이다	딸 거예요	딴	따는	따고	따는데	따서	따니까	따면	따러	따거나	
3	따다2	따요	땄다	땄어요	딸 것이다	딸 거예요	딴	따는	따고	따는데	따서	따니까	따면	따러	따거나	
4	따뜻하다	따뜻해요	따뜻했다	따뜻했어요	따뜻할 것이다	따뜻할 거예요	따뜻한		따뜻하고	따뜻한데	따뜻해서	따뜻하니까	따뜻하면		따뜻하거나	ㅕ 불규칙
5	따라가다	따라가요	따라갔다	따라갔어요	따라갈 것이다	따라갈 거예요	따라간	따라가는	따라가고	따르가는데	따라가서	따라가니까	따라가면	따라가러	따라가거나	
6	따르다	따라요	따랐다	따랐어요	따를 것이다	따를 거예요	따른	따르는	따르고	따르는데	따라서	따르니까	따르면	따르러	따르거나	― 탈락 규칙
7	땀나다	땀나요	땀났다	땀났어요	땀날 것이다	땀날 거예요	땀난	땀나는	땀나고	땀나는데	땀나서	땀나니까	땀나면		땀나거나	
8	땋다	땋아요	땋았다	땋았어요	땋을 것이다	땋을 거예요	땋은	땋는	땋고	땋는데	땋아서	땋으니까	땋으면	땋으러	땋거나	
9	때리다	때려요	때렸다	때렸어요	때릴 것이다	때릴 거예요	때린	때리는	때리고	때리는데	때려서	때리니까	때리면	때리러	때러거나	
10	때 밀다	때 밀어요	때 밀었다	때 밀었어요	때 밀 것이다	때 밀 거예요	때 민	때 미는	때 밀고	때 미는데	때 밀어서	때 미니까	때 밀면	때 밀러	때 밀거나	ㄹ 탈락 규칙
11	떨다	떨어요	떨었다	떨었어요	떨 것이다	떨 거예요	떤	떠는	떨고	떠는데	떨어서	떠니까	떨면	떨러	떨거나	ㄹ 탈락 규칙
12	떨어지다	떨어져요	떨어졌다	떨어졌어요	떨어질 것이다	떨어질 거예요	떨어진	떨어지는	떨어지고	떨어지는데	떨어져서	떨어지니까	떨어지면	떨어지러	떨어지거나	
13	떼다	떼요	뗐다	뗐어요	뗄 것이다	뗄 거예요	뗀	떼는	떼고	떼는데	떼서	떼니까	떼면	떼러	떼거나	
14	뚫다	뚫어요	뚫었다	뚫었어요	뚫을 것이다	뚫을 거예요	뚫은	뚫는	뚫고	뚫는데	뚫어서	뚫으니까	뚫으면	뚫으러	뚫거나	
15	뚱뚱하다	뚱뚱해요	뚱뚱했다	뚱뚱했어요	뚱뚱할 것이다	뚱뚱할 거예요	뚱뚱한		뚱뚱하고	뚱뚱한데	뚱뚱해서	뚱뚱하니까	뚱뚱하면		뚱뚱하거나	ㅕ 불규칙
16	뛰다	뛰어요	뛰었다	뛰었어요	뛸 것이다	뛸 거예요	뛴	뛰는	뛰고	뛰는데	뛰어서	뛰니까	뛰면	뛰러	뛰거나	
17	뛰어들다	뛰어들어요	뛰어들었다	뛰어들었어요	뛰어들 것이다	뛰어들 거예요	뛰어든	뛰어드는	뛰어들고	뛰어드는데	뛰어들어서	뛰어드니까	뛰어들면	뛰어들러	뛰어들거나	ㄹ 탈락 규칙
18	뜨개질하다	뜨개질해요	뜨개질했다	뜨개질했어요	뜨개질할 것이다	뜨개질할 거예요	뜨개질한	뜨개질하는	뜨개질하고	뜨개질하는데	뜨개질해서	뜨개질하니까	뜨개질하면	뜨개질하러	뜨개질하거나	ㅕ 불규칙
19	뜨겁다	뜨거워요	뜨거웠다	뜨거웠어요	뜨거울 것이다	뜨거울 거예요	뜨거운		뜨겁고	뜨거운데	뜨거워서	뜨거우니까	뜨거우면		뜨겁거나	ㅂ 불규칙
20	뜨다1	떠요	떴다	떴어요	뜰 것이다	뜰 거예요	뜬	뜨는	뜨고	뜨는데	떠서	뜨니까	뜨면		뜨거나	― 탈락 규칙
21	뜨다2	떠요	떴다	떴어요	뜰 것이다	뜰 거예요	뜬	뜨는	뜨고	뜨는데	떠서	뜨니까	뜨면		뜨거나	― 탈락 규칙
22	뜨다3	떠요	떴다	떴어요	뜰 것이다	뜰 거예요	뜬	뜨는	뜨고	뜨는데	떠서	뜨니까	뜨면		뜨거나	― 탈락 규칙

용언 활용의 예

	기본형/현재형	현재형	과거형	과거형	미래/추측/관형사형		관형사형		나열형	대립대조형	이유원인형		조건형	목적형	선택형	활용
	다	요	았다/었다	았어요/었어요	ㄹ 것이다	ㄹ 거예요	ㄴ/(으)ㄴ	는	고	는데/(으)ㄴ데	아서/어서	(으)니까	(으)면	(으)러	거나	
1	마렵다	마려워요	마려웠다	마려웠어요	마려울 것이다	마려울 거예요	마려운		마렵고	마려운데	마려워서	마려우니까	마려우면		마렵거나	ㅂ 불규칙
2	마르다1	말라요	말랐다	말랐어요	마를 것이다	마를 거예요	마른		마르고	마르는데	말라서	마르니까	마르면		마르거나	르 불규칙
3	마르다2	말라요	말랐다	말랐어요	마를 것이다	마를 거예요	마른	마르는	마르고	마르는데	말라서	마르니까	마르면	말리러	마르거나	르 불규칙
4	마르다3	말라요	말랐다	말랐어요	마를 것이다	마를 거예요	마른		마르고	마르는데	말라서	마르니까	마르면		마르거나	르 불규칙
5	마시다	마셔요	마셨다	마셨어요	마실 것이다	마실 거예요	마신	마시는	마시고	마시는데	마셔서	마시니까	마시면	마시러	마시거나	
6	막다	막아요	막았다	막았어요	막을 것이다	막을 거예요	막은	막는	막고	막는데	막아서	막으니까	막으면	막으러	막거나	
7	막히다	막혀요	막혔다	막혔어요	막힐 것이다	막힐 거예요	막힌	막히는	막히고	막히는데	막혀서	막히니까	막히면	막히러	막히거나	
8	만나다	만나요	만났다	만났어요	만날 것이다	만날 거예요	만난	만나는	만나고	만나는데	만나서	만나니까	만나면	만나러	만나거나	
9	만들다	만들어요	만들었다	만들었어요	만들 것이다	만들 거예요	만든	만드는	만들고	만드는데	만들어서	만드니까	만들면	만들러	만들거나	ㄹ 탈락 규칙
10	많다	많아요	많았다	많았어요	많을 것이다	많을 거예요	많은		많고	많은데	많아서	많으니까	많으면		많거나	
11	말다	말아요	말았다	말았어요	말 것이다	말 거예요	만	마는	말고	마는데	말아서	마니까	말면	말러	말거나	ㄹ 탈락 규칙
12	말리다1	말려요	말렸다	말렸어요	말릴 것이다	말릴 거예요	말린	말리는	말리고	말리는데	말려서	말리니까	말리면	말리러	말리거나	
13	말리다2	말려요	말렸다	말렸어요	말릴 것이다	말릴 거예요	말린	말리는	말리고	말리는데	말려서	말리니까	말리면	말리러	말리거나	
14	말하다	말해요	말했다	말했어요	말할 것이다	말할 거예요	말한	말하는	말하고	말하는데	말해서	말하니까	말하면	말하러	말하거나	ㅕ 불규칙
15	맑다	맑아요	맑았다	맑았어요	맑을 것이다	맑을 거예요	맑은		맑고	맑은데	맑아서	맑으니까	맑으면		맑거나	
16	맛보다	맛봐요	맛보았다	맛보았어요	맛볼 것이다	맛볼 거예요	맛본	맛보는	맛보고	맛보는데	맛봐서	맛보니까	맛보면	맛보러	맛보거나	
17	맛없다	맛없어요	맛없었다	맛없었어요	맛없을 것이다	맛없을 거예요		맛없는	맛없고	맛없는데	맛없어서	맛없으니까	맛없으면		맛없거나	
18	맛있다	맛있어요	맛있었다	맛있어요	맛있을 것이다	맛있을 거예요		맛있는	맛있고	맛있는데	맛있어서	맛있으니까	맛있으면		맛있거나	
19	맞다1	맞아요	맞았다	맞았어요	맞을 것이다	맞을 거예요	맞은	맞는	맞고	맞는데	맞아서	맞으니까	맞으면	맞으러	맞거나	
20	맞다2	맞아요	맞았다	맞았어요	맞을 것이다	맞을 거예요	맞은	맞는	맞고	맞는데	맞아서	맞으니까	맞으면		맞거나	
21	매다	매요	맸다	맸어요	맬 것이다	맬 거예요	맨	매는	매고	매는데	매서	매니까	매면	매러	매거나	
22	매달리다	매달려요	매달렸다	매달려요	매달것이다	매달 거예요	매달린	매달리는	매달리고	매달리는데	매달려서	매달리니까	매달리면	매달리러	매달리거나	
23	맵다	매워요	매웠다	매웠어요	매울 것이다	매울 거예요	매운		맵고	매운데	매워서	매우니까	매우면		맵거나	ㅂ 불규칙
24	먹다	먹어요	먹었다	먹었어요	먹을 것이다	먹을 거예요	먹은	먹는	먹고	먹는데	먹어서	먹으니까	먹으면	먹으러	먹거나	
25	먹이다	먹여요	먹였다	먹였어요	먹일 것이다	먹일 거예요	먹인	먹이는	먹이고	먹이는데	먹여서	먹이니까	먹이면	먹이러	먹이거나	
26	먹히다	먹혀요	먹혔다	먹혔어요	먹힐 것이다	먹힐 거예요	먹힌	먹히는	먹히고	먹히는데	먹혀서	먹히니까	먹히면	먹히러	먹히거나	

용언 활용의 예

#	기본형/현재형 다	요	과거형 았다/었다	았어요/었어요	미래/추측/관형사형 ㄹ 것이다	ㄹ 거예요	관형사형 ㄴ/(으)ㄴ	는	나열형 고	대립대조형 는데/(으)ㄴ데	이유원인형 아서/어서	(으)니까	조건형 (으)면	목적형 (으)러	선택형 거나	활용
27	멀다	멀어요	멀었다	멀었어요	멀 것이다	멀 거예요	먼		멀고	먼데	멀어서	머니까	멀면		멀거나	ㄹ 탈락 규칙
28	멈추다	멈춰요	멈췄다	멈췄어요	멈출 것이다	멈출 거예요	멈춘	멈추는	멈추고	멈추는데	멈춰서	멈추니까	멈추면	멈추러	멈추거나	
29	메다	메요	멨다	멨어요	멜 것이다	멜 거예요	멘	메는	메고	메는데	메서	메니까	메면	메러	메거나	
30	면도하다	면도해요	면도했다	면도했어요	면도할 것이다	면도할 거예요	면도한	면도하는	면도하고	면도하는데	면도해서	면도하니까	면도하면	면도하러	면도하거나	ㅕ 불규칙
31	모으다	모아요	모았다	모았어요	모을 것이다	모을 거예요	모은	모으는	모으고	모으는데	모아서	모으니까	모으면	모으러	모으거나	― 탈락 규칙
32	모이다	모여요	모였다	모였어요	모일 것이다	모일 거예요	모인	모이는	모이고	모이는데	모여서	모이니까	모이면	모이러	모이거나	
33	목마르다	목말라요	목말랐다	목말랐어요	목마를 것이다	목마를 거예요	목마른		목마르고	목마르는데	목말라서	목마르니까	목마르면		목마르거나	르 불규칙
34	목욕시키다	목욕시켜요	목욕시켰다	목욕시켰어요	목욕시킬 것이다	목욕시킬 거예요	목욕시킨	목욕시키는	목욕시키고	목욕시키는데	목욕시켜서	목욕시키니까	목욕시키면	목욕시키러	목욕시키거나	
35	목욕하다	목욕해요	목욕했다	목욕했어요	목욕할 것이다	목욕할 거예요	목욕한	목욕하는	목욕하고	목욕하는데	목욕해서	목욕하니까	목욕하면	목욕하러	목욕하거나	ㅕ 불규칙
36	무겁다	무거워요	무거웠다	무거웠어요	무거울 것이다	무거울 거예요	무거운		무겁고	무거운데	무거워서	무거우니까	무거우면		무겁거나	ㅂ 불규칙
37	무너뜨리다	무너뜨려요	무너뜨렸다	무너뜨렸어요	무너뜨릴 것이다	무너뜨릴 거예요	무너뜨린	무너뜨리는	무너뜨리고	무너뜨리는데	무너뜨려서	무너뜨리니까	무너뜨리면	무너뜨리러	무너뜨리거나	
38	무너지다	무너져요	무너졌다	무너졌어요	무너질 것이다	무너질 거예요	무너진	무너지는	무너지고	무너지는데	무너져서	무너지니까	무너지면		무너지거나	
39	무섭다	무서워요	무서웠다	무서웠어요	무서울 것이다	무서울 거예요	무서운		무섭고	무서운데	무서워서	무서우니까	무서우면		무섭거나	ㅂ 불규칙
40	묶다	묶어요	묶었다	묶었어요	묶을 것이다	묶을 거예요	묶은	묶는	묶고	묶는데	묶어서	묶으니까	묶으면	묶으러	묶거나	
41	묶이다	묶여요	묶였다	묶였어요	묶일 것이다	묶일 거예요	묶인	묶이는	묶이고	묶이는데	묶여서	묶이니까	묶이면	묶이러	묶이거나	
42	묻다1	묻어요	묻었다	묻었어요	묻을 것이다	묻을 거예요	묻은	묻는	묻고	묻는데	묻어서	묻으니까	묻으면		묻거나	
43	묻다2	물어요	물었다	물었어요	물을 것이다	물을 거예요	물은	묻는	묻고	묻는데	물어서	물으니까	물으면	물으러	묻거나	
44	묻히다	묻혀요	묻혔다	묻혔어요	묻힐 것이다	묻힐 거예요	묻힌	묻히는	묻히고	묻히는데	묻혀서	묻히니까	묻히면	묻히러	묻히거나	
45	물구나무서다	물구나무서요	물구나무섰다	물구나무섰어요	물구나무설 것이다	물구나무설 거예요	물구나무선	물구나무서는	물구나무서고	물구나무서는데	물구나무서서	물구나무서니까	물구나무서면	물구나무서러	물구나무서거나	
46	물다	물어요	물었다	물었어요	물 것이다	물 거예요	문	무는	물고	무는데	물어서	무니까	물면	물러	물거나	ㄹ 탈락 규칙
47	미끄러지다	미끄러져요	미끄러졌다	미끄러졌어요	미끄러질 것이다	미끄러질 거예요	미끄러진	미끄러지는	미끄러지고	미끄러지는데	미끄러져서	미끄러지니까	미끄러지면	미끄러지러	미끄러지거나	
48	밀다1	밀어요	밀었다	밀었어요	밀 것이다	밀 거예요	민	미는	밀고	미는데	밀어서	미니까	밀면	밀러	밀거나	ㄹ 탈락 규칙
49	밀다2	밀어요	밀었다	밀었어요	밀 것이다	밀 거예요	민	미는	밀고	미는데	밀어서	미니까	밀면	밀러	밀거나	ㄹ 탈락 규칙
50	밀다3	밀어요	밀었다	밀었어요	밀 것이다	밀 거예요	민	미는	밀고	미는데	밀어서	미니까	밀면	밀러	밀거나	ㄹ 탈락 규칙

용언 활용의 예

	기본형/현재형		과거형		미래/추측/관형사형		관형사형		나열형	대립대조형	이유원인형		조건형	목적형	선택형	활용
	다	요	았다/었다	았어요/었어요	ㄹ 것이다	ㄹ 거예요	ㄴ/(으)ㄴ	는	고	는데/(으)ㄴ데	아서/어서	(으)니까	(으)면	(으)러	거나	
1	바꾸다	바꿔요	바꿨다/바꾸었다	바꿨어요	바꿀 것이다	바꿀 거예요	바꾼	바꾸는	바꾸고	바꾸는데	바꿔서	바꾸니까	바꾸면	바꾸러	바꾸거나	
2	바르다	발라요	발랐다	발랐어요	바를 것이다	바를 거예요	바른	바르는	바르고	바르는데	발라서	바르니까	바르면	바르러	바르거나	르 불규칙
3	박다	박아요	박았다	박았어요	박을 것이다	박을 거예요	박은	박는	박고	박는데	박아서	박으니까	박으면	박으러	박거나	
4	박수치다	박수쳐요	박수쳤다	박수쳤어요	박수칠 것이다	박수칠 거예요	박수친	박수치는	박수치고	박수치는데	박수쳐서	박수치니까	박수치면	박수치러	박수치거나	
5	반죽하다	반죽해요	반죽했다	반죽했어요	반죽할 것이다	반죽할 거예요	반죽한	반죽하는	반죽하고	반죽하는데	반죽해서	반죽하니까	반죽하면	반죽하러	반죽하거나	ㅕ 불규칙
6	반짝이다	반짝여요	반짝였다	반짝였어요	반짝일 것이다	반짝일 거예요	반짝인	반짝이는	반짝이고	반짝이는데	반짝여서	반짝이니까	반짝이면	반짝이러	반짝이거나	
7	받다	받아요	받았다	받았어요	받을 것이다	받을 거예요	받은	받는	받고	받는데	받아서	받으니까	받으면	받으러	받거나	
8	밝다	밝아요	밝았다	밝았어요	밝을 것이다	밝을 거예요	밝은		밝고	밝은데	밝아서	밝으니까	밝으면		밝거나	
9	밟다	밟아요	밟았다	밟았어요	밟을 것이다	밟을 거예요	밟은	밟는	밟고	밟는데	밟아서	밟으니까	밟으면	밟으러	밟거나	
10	배고프다	배고파요	배고팠다	배고팠어요	배고플 것이다	배고플 거예요	배고픈		배고프고	배고픈데	배고파서	배고프니까	배고프면		배고프거나	ㅡ 탈락 규칙
11	배구 하다	배구 해요	배구 했다	배구 했어요	배구 할 것이다	배구 할 거예요	배구 한	배구 하는	배구 하고	배구 하는데	배구 해서	배구 하니까	배구 하면	배구 하러	배구 하거나	ㅕ 불규칙
12	배달하다	배달해요	배달했다	배달했어요	배달할 것이다	배달할 거예요	배달한	배달하는	배달하고	배달하는데	배달해서	배달하니까	배달하면	배달하러	배달하거나	ㅕ 불규칙
13	배드민턴 치다	배드민턴 쳐요	배드민턴 쳤다	배드민턴 쳤어요	배드민턴 칠 것이다	배드민턴 칠 거예요	배드민턴 친	배드민턴 치는	배드민턴 치고	배드민턴 치는데	배드민턴 쳐서	배드민턴 치니까	배드민턴 치면	배드민턴 치러	배드민턴 치거나	ㅕ 불규칙
14	배부르다	배불러요	배불렀다	배불렀어요	배부를 것이다	배부를 거예요	배부른		배부르고	배부른데	배불러서	배부르니까	배부르면		배부르거나	르 불규칙
15	배우다	배워요	배웠다	배웠어요	배울 것이다	배울 거예요	배운	배우는	배우고	배우는데	배워서	배우니까	배우면	배우러	배우거나	
16	뱉다	뱉어요	뱉었다	뱉었어요	뱉을 것이다	뱉을 거예요	뱉은	뱉는	뱉고	뱉는데	뱉어서	뱉으니까	뱉으면	뱉으러	뱉거나	
17	버리다	버려요	버렸다	버렸어요	버릴 것이다	버릴 거예요	버린	버리는	버리고	버리는데	버려서	버리니까	버리면	버리러	버리거나	
18	벌리다	벌려요	벌렸다	벌렸어요	벌릴 것이다	벌릴 거예요	벌린	벌리는	벌리고	벌리는데	벌려서	벌리니까	벌리면	벌리러	벌리거나	
19	벗기다	벗겨요	벗겼다	벗겼어요	벗길 것이다	벗길 거예요	벗긴	벗기는	벗기고	벗기는데	벗겨서	벗기니까	벗기면	벗기러	벗기거나	
20	벗다	벗어요	벗었다	벗었어요	벗을 것이다	벗을 거예요	벗은	벗는	벗고	벗는데	벗어서	벗으니까	벗으면	벗으러	벗거나	
21	벗어지다	벗어져요	벗어졌다	벗어졌어요	벗어질 것이다	벗어질 거예요	벗어진	벗어지는	벗어지고	벗어지는데	벗어져서	벗어지니까	벗어지면	벗어지러	벗어지거나	
22	베다1	베요	베었다/벴다	베었어요/벴어요	벨 것이다	벨 거예요	벤	베는	베고	베는데	베서	베니까	베면	베러	베거나	
23	베다2	베요	베었다/벴다	베었어요/벴어요	벨 것이다	벨 거예요	벤	베는	베고	베는데	베서	베니까	베면	베러	베거나	
24	베이다	베어요	베였다	베였어요	베일 것이다	베일 거예요	베인	베이는	베이고	베이는데	베여서	베이니까	베이면	베이러	베이거나	
25	보다	보아요	보았다	보았어요	볼 것이다	볼 거예요	본	보는	보고	보는데	봐서	보니까	보면	보러	보거나	
26	볼링 치다	볼링 쳐요	볼링 쳤다	볼링 쳤어요	볼링 칠 것이다	볼링 칠 거예요	볼링 친	볼링 치는	볼링 치고	볼링 치는데	볼링 쳐서	볼링 치니까	볼링 치면	볼링 치러	볼링 치거나	ㅕ 불규칙

용언 활용의 예

	기본형/현재형		과거형		미래/추측/관형사형		관형사형		나열형	대립대조형	이유원인형		조건형	목적형	선택형	활용
	다	요	았다/었다	았어요/었어요	ㄹ 것이다	ㄹ 거예요	ㄴ/(으)ㄴ	는	고	는데/(으)ㄴ데	아서/어서	(으)니까	(으)면	(으)러	거나	
27	부끄럽다	부끄러워요	부끄러웠다	부끄러웠어요	부끄러울 것이다	부끄러울 거예요	부끄러운		부끄럽고	부끄러운데	부끄러워서	부끄러우니까	부끄러우면		부끄럽거나	ㅂ 불규칙
28	부드럽다	부드러워요	부드러웠다	부드러웠어요	부드러울 것이다	부드러울 거예요	부드러운		부드럽고	부드러운데	부드러워서	부드러우니까	부드러우면		부드럽거나	ㅂ 불규칙
29	부딪치다	부딪쳐요	부딪쳤다	부딪쳤어요	부딪칠 것이다	부딪칠 거예요	부딪친	부딪치는	부딪치고	부딪치는데	부딪쳐서	부딪치니까	부딪치면	부딪치러	부딪치거나	
30	부러뜨리다	부러뜨려요	부러뜨렸다	부러뜨렸어요	부러뜨릴 것이다	부러뜨릴 거예요	부러뜨린	부러뜨리는	부러뜨리고	부러뜨리는데	부러뜨려서	부러뜨리니까	부러뜨리면	부러뜨리러	부러뜨리거나	
31	부러지다	부러져요	부러졌다	부러졌어요	부러질 것이다	부러질 거예요	부러진	부러지는	부러지고	부러지는데	부러져서	부러지니까	부러지면	부러지러	부러지거나	
32	부르다	불러요	불렀다	불렀어요	부를 것이다	부를 거예요	부른	부르는	부르고	부르는데	불러서	부르니까	부르면	부르러	부르거나	르 불규칙
33	부서지다	부서져요	부서졌다	부서졌어요	부서질 것이다	부서질 거예요	부서진	부서지는	부서지고	부서지는데	부서져서	부서지니까	부서지면	부서지러	부서지거나	
34	부수다	부숴요	부수었다/부쉈다	부수었어요/부쉈어요	부술 것이다	부술 거예요	부순	부수는	부수고	부수는데	부수어서/부숴서	부수니까	부수면	부수러	부수거나	
35	부자이다	부자예요	부자였다	부자였어요	부자일 것이다	부자일 거예요	부자인		부자(이)고	부자인데	부자여서	부자(이)니까	부자(이)면		부자(이)거나	
36	부지런하다	부지런해요	부지런했다	부지런했어요	부지런할 것이다	부지런할 거예요	부지런한		부지런하고	부지런한데	부지런해서	부지런하니까	부지런하면		부지런하거나	ㅓ 불규칙
37	부치다	부쳐요	부쳤다	부쳤어요	부칠 것이다	부칠 거예요	부친	부치는	부치고	부치는데	부쳐서	부치니까	부치면	부치러	부치거나	
38	불 끄다	불 꺼요	불 껐다	불 껐어요	불 끌 것이다	불 끌 거예요	불 끈	불 끄는	불 끄고	불 끄는데	불 꺼서	불 끄니까	불 끄면	불 끄러	불 끄거나	ㅡ 탈락 규칙
39	불나다	불나요	불났다	불났어요	불날 것이다	불날 거예요	불난	불나는	불나고	불나는데	불나서	불나니까	불나면	불나러	불나거나	
40	불다1	불어요	불었다	불었어요	불 것이다	불 거예요	분	부는	불고	부는데	불어서	부니까	불면	불러	부르거나	ㄹ 탈락 규칙
41	불다2	불어요	불었다	불었어요	불 것이다	불 거예요	분	부는	불고	부는데	불어서	부니까	불면	불러	부르거나	ㄹ 탈락 규칙
42	붓다1	부어요	부었다	부었어요	부을 것이다	부을 거예요	부은	붓는	붓고	붓는데	부어서	부으니까	부으면		붓거나	ㅅ 불규칙
43	붓다2	부어요	부었다	부었어요	부을 것이다	부을 거예요	부은	붓는	붓고	붓는데	부어서	부으니까	부으면	부으러	붓거나	ㅅ 불규칙
44	붙다	붙어요	붙었다	붙었어요	붙을 것이다	붙을 거예요	붙은	붙는	붙고	붙는데	붙어서	붙으니까	붙으면	붙으러	붙거나	
45	붙이다1	붙여요	붙였다	붙였어요	붙일 것이다	붙일 거예요	붙인	붙이는	붙이고	붙이는데	붙여서	붙이니까	붙이면	붙이러	붙이거나	
46	붙이다2	붙여요	붙였다	붙였어요	붙일 것이다	붙일 거예요	붙인	붙이는	붙이고	붙이는데	붙여서	붙이니까	붙이면	붙이러	붙이거나	
47	비다	비어요	비었다	비었어요	빌 것이다	빌 거예요	빈	비는	비고	비는데	비어서	비니까	비면		비거나	
48	비 오다	비 와요	비 왔다	비 왔어요	비 올 것이다	비 올 거예요	비 온	비 오는	비 오고	비 오는데	비 와서	비 오니까	비 오면		비 오거나	
49	비추다	비춰요	비추었다/비췄다	비췄어요	비출 것이다	비출 거예요	비춘	비추는	비추고	비추는데	비춰서	비추니까	비추면	비추러	비추거나	
50	비치다	비쳐요	비치었다/비쳤다	비쳤어요	비칠 것이다	비칠 거예요	비친	비치는	비치고	비치는데	비쳐서	비치니까	비치면		비치거나	
51	빌다	빌어요	빌었다	빌었어요	빌 것이다	빌 거예요	빈	비는	빌고	비는데	빌어서	비니까	빌면	빌러	빌거나	ㄹ 탈락 규칙
52	빌리다	빌려요	빌렸다	빌렸어요	빌릴 것이다	빌릴 거예요	빌린	빌리는	빌리고	빌리는데	빌려서	빌리니까	빌리면	빌리러	빌리거나	

용언 활용의 예

	기본형/현재형		과거형		미래/추측/관형사형		관형사형		나열형	대립대조형	이유원인형		조건형	목적형	선택형	활용
	다	요	았다/었다	았어요/었어요	ㄹ 것이다	ㄹ 거예요	ㄴ/(으)ㄴ	는	고	는데/(으)ㄴ데	아서/어서	(으)니까	(으)면	(으)러	거나	
53	빗기다	빗겨요	빗겼다	빗겼어요	빗길 것이다	빗길 거예요	빗긴	빗기는	빗기고	빗기는데	빗겨서	빗기니까	빗기면	빗기러	빗기거나	
54	빗다	빗어요	빗었다	빗었어요	빗을 것이다	빗을 거예요	빗은	빗는	빗고	빗는데	빗어서	빗으니까	빗으면	빗으러	빗거나	
55	빛나다	빛나요	빛났다	빛났어요	빛날 것이다	빛날 거예요	빛난	빛나는	빛나고	빛나는데	빛나서	빛나니까	빛나면	빛나러	빛나거나	

용언 활용의 예

	기본형/현재형		과거형		미래/추측/관형사형		관형사형		나열형	대립대조형	이유원인형		조건형	목적형	선택형	활용
	다	요	았다/었다	았어요/었어요	ㄹ 것이다	ㄹ 거예요	ㄴ/(으)ㄴ	는	고	는데/(으)ㄴ데	아서/어서	(으)니까	(으)면	(으)러	거나	
1	빠르다	빨라요	빨랐다	빨랐어요	빠를 것이다	빠를 거예요	빠른		빠르고	빠른데	빨라서	빠르니까	빠르면		빠르거나	르 불규칙
2	빠지다1	빠져요	빠졌다	빠졌어요	빠질 것이다	빠질 거예요	빠진	빠지는	빠지고	빠지는데	빠져서	빠지니까	빠지면	빠지러	빠지거나	
3	빠지다2	빠져요	빠졌다	빠졌어요	빠질 것이다	빠질 거예요	빠진	빠지는	빠지고	빠지는데	빠져서	빠지니까	빠지면	빠지러	빠지거나	
4	빨다1	빨아요	빨았다	빨았어요	빨 것이다	빨 거예요	빤	빠는	빨고	빠는데	빨아서	빠니까	빨면	빨러	빨거나	ㄹ 탈락 규칙
5	빨다2	빨아요	빨았다	빨았어요	빨 것이다	빨 거예요	빤	빠는	빨고	빠는데	빨아서	빠니까	빨면	빨러	빨거나	ㄹ 탈락 규칙
6	빼다	빼요	뺐다	뺐어요	뺄 것이다	뺄 거예요	뺀	빼는	빼고	빼는데	빼서	빼니까	빼면	빼러	빼거나	
7	뺏기다	빼앗겨요	빼앗겼다	빼앗겼어요	빼앗길 것이다	빼앗길 거예요	빼앗긴	빼앗기는	빼앗기고	빼앗기는데	빼앗겨서	빼앗기니까	빼앗기면	빼앗기러	빼앗기거나	
8	뺏다	빼앗아요	빼앗았다	빼앗았어요	빼앗을 것이다	빼앗을 거예요	빼앗은	빼앗는	빼앗고	빼앗는데	빼앗겨서	빼앗기니까	빼앗기면	빼앗으러	빼앗기거나	
9	뽀뽀하다	뽀뽀해요	뽀뽀했다	뽀뽀했어요	뽀뽀할 것이다	뽀뽀할 거예요	뽀뽀한	뽀뽀하는	뽀뽀하고	뽀뽀하는데	뽀뽀해서	뽀뽀하니까	뽀뽀하면	뽀뽀하러	뽀뽀하거나	ㅓ 불규칙
10	뽑다	뽑아요	뽑았다	뽑았어요	뽑을 것이다	뽑을 거예요	뽑은	뽑는	뽑고	뽑는데	뽑아서	뽑으니까	뽑으면	뽑으러	뽑거나	
11	뿌리다	뿌려요	뿌렸다	뿌렸어요	뿌릴 것이다	뿌릴 거예요	뿌린	뿌리는	뿌리고	뿌리는데	뿌려서	뿌리니까	뿌리면	뿌리러	뿌리거나	
12	삐치다	삐쳐요	삐쳤다	삐쳤어요	삐칠 것이다	삐칠 거예요	삐친	삐치는	삐치고	삐치는데	삐쳐서	삐치니까	삐치면		삐치거나	

불규칙용언의 목록

ㄷ 불규칙
걷다2
듣다

ㄹ 불규칙
게으르다
고르다
구르다
나르다
누르다
다르다
두르다
마르다1
마르다2
마르다3
목마르다
바르다
배부르다
부르다
빠르다

ㅂ 불규칙
가깝다
가렵다
가볍다
간지럽다
굽다
눕다
더럽다
덥다
돕다
두껍다
따갑다
뜨겁다
마렵다
맵다
무겁다
무섭다
부끄럽다
부드럽다

ㅅ 불규칙
긋다
붓다1
붓다2

ㅕ 불규칙	
가난하다	노래하다
걸레질하다	농구 하다
게임 하다	눈싸움하다
결석하다	따뜻하다
결혼하다	뚱뚱하다
계산하다	뜨개질하다
공부하다	말하다
교통정리 하다	면도하다
구하다	목욕하다
권투 하다	반죽하다
기도하다	배구 하다
기침하다	배달하다
깁스하다	배드민턴 치다
깨끗하다	볼링 치다
낙서하다	부지런하다
낚시하다	뽀뽀하다

ㄹ 탈락 규칙	
갈다	때 밀다
걸다1	떨다
걸다2	뛰어들다
길다	만들다
깔다	말다
깨물다	멀다
끌다	물다
날다	밀다1
내밀다	밀다2
널다	밀다3
놀다	불다1
달다1	불다2
달다2	빌다
돌다	빨다1
들다1	빨다2
들다2	

ㅡ 탈락 규칙
끄다
담그다
따르다
뜨다1
뜨다2
뜨다3
모으다
배고프다
불 끄다

저자소개

김희영(Kim Heeyoung)

서강대학교 학사(영어영문학)
이화여자대학교 대학원 석사(특수교육학)
단국대학교 대학원 박사(특수교육학 청각언어장애아교육)
언어재활사 1급
현 김희영아동발달센터 언어치료사

논문
「모음 환경에 따른 인공와우이식 아동의 자음산출능력」(2012)

저ㆍ역서
『혼자 할 수 있어요』(공저, 학지사, 2004)
『그림 동작어 사전』(공저, 학지사, 2002)
『언어장애 아동의 의사소통 지도』(공역, 이화여자대학교출판부, 1992)

자료집
〈그림을 보면 문장이 술술〉(인싸이트, 2014)
〈조음음운지도〉(공저, 시그마프레스, 2010)
〈큰 소리로 말해요 함께 웃어요〉(공저, 보건복지부, 2009)

강정애(Kang Jeongae)

나사렛대학교 학사(인간재활학)
언어재활사 1급
현 김희영아동발달센터 언어치료사

저서
『혼자 할 수 있어요』(공저, 학지사, 2004)

자료집
〈그림을 보면 문장이 술술〉(인싸이트, 2014)
〈조음음운지도〉(공저, 시그마프레스, 2010)

김승미(Kim Seungmi)

수원여자대학교 전문학사(사회복지학)
루터대학교 학사(언어치료학)
단국대학교 대학원 석사(언어병리전공)
단국대학교 대학원 박사수료(언어병리전공)
언어재활사 1급
현 김희영아동발달센터 언어치료사

논문
「취학전 말더듬 아동에 대한 교사의 인식 및 태도」(2013)

김은형(Kim Eunhyeong)

강남대학교 학사(사회사업학)
나사렛대학교 재활복지대학원 석사(언어치료학)
언어재활사 1급
현 김희영아동발달센터 언어치료사

논문
「청각장애 대학생의 문자를 통한 의사소통 능력」(2004)

자료집
〈그림을 보면 문장이 술술〉(인싸이트, 2014)

전효진(Jeon Hyojin)

순천향대학교 학사(아동학)
단국대학교 대학원 석사(특수교육학과 정서 및 자폐성장애아동교육)
언어재활사 2급
학습장애(난독증)전문가
현 김희영아동발달센터 인지학습전문가

논문
「소집단 협동놀이가 자폐성 장애아동의 사회적 상호작용에 미치는 영향」(2007)

자료집
〈그림을 보면 문장이 술술〉(인싸이트, 2014)

만화삽화가 김준식(Kim Junsik)

창작작업실 '풍등'에서 어린이들을 위한 만화와 교재삽화를 그리고 있습니다.
http://blog.naver.com/assesg1

그린 책
『굿바이! 틀리기 쉬운 국어문제』(좋은책 씨쌍열매, 2005)
『생각이 열리는 탈무드 그림판』(삼성출판사, 2004)
『세상을 바꾼 위대한 과학자들』(사회평론, 2004)
『생각이 열리는 이솝우화 그림판』(삼성출판사, 2003)

저자들은 현재 김희영아동발달센터(www.khydream.com)에서 치료와 연구를 진행하고 있습니다.

한국어 그림동사사전

Korean Picture Verb Dictionary

2017년 9월 25일 1판 1쇄 발행
2023년 1월 20일 1판 4쇄 발행

지은이 • 김희영 · 강정애 · 김승미 · 김은형 · 전효진
펴낸이 • 김진환
펴낸곳 • ㈜ 학지사
　　　　04031 서울특별시 마포구 양화로 15길 20 마인드월드빌딩
대표전화 • 02)330-5114　　　　팩스 • 02)324-2345
등록번호 • 제313-2006-000265호

홈페이지 • http://www.hakjisa.co.kr
페이스북 • https://www.facebook.com/hakjisabook

ISBN 978-89-997-1331-6 94370
　　　 978-89-997-1330-9 94370 (set)

정가 34,000원

출판미디어기업 **학지사**

간호보건의학출판 **학지사메디컬** www.hakjisamd.co.kr
심리검사연구소 **인싸이트** www.inpsyt.co.kr
학술논문서비스 **뉴논문** www.newnonmun.com
교육연수원 **카운피아** www.counpia.com